CW01003206

IMAGINARY RECONSTRUCTION OF SETTING FOR DER SCHIMMELREITER

PROFIL des alten DEICHES

BINNENSEITE

SEESEITE

KEY

L* (pp. 57, 102), watercourse.

ER DEICH.

ER DEICH.

KES WERFTE* MIT ESCHE (pp. 19, 41),
ke's embankment and house with ash-tree.

LAND* (p. 56), unreclaimed land, later HAUKE-HAIEN-
G (pp. 45, 91).

STDORF mit 'KRUG' und KIRCHE (p. 30), village on dry
with inn and church.

RSHALLIG oder JEVERSSAND (p. 61).

RS' ISLAND.

ORICHTUNG DES KATASTROPHENSTURMES (p. 111), direction
al gale.

SCHINSELN (pp. 1, 61), islands in shallows ('drüben', p. 65).

TENMEER* (pp. 1, 63), low water, shallows.

SCHFENNEN* (p. 6), marsh-lands slightly above sea-level,
y drainage ditches. Scene of 'EISBOSSELN' match (p. 32).

HAIENS HAUS (p. 9).

LE* (pp. 3, 45), pool on inside of dike remaining after
h.

STREIFEN (p. 75), von dem die Erde für den Bau des
es geholt wurde.

RG (p. 49), rising ground at edge of marsh.

Refer to relevant note.

PROFIL des neuen DEICHES

BINNENSEITE

SEESEITE

> DEICHBRUCH (p. 114 et seq.).

≈ CONTOURS.

⋙ DIKE.

DER SCHIMMELREITER

THEODOR STORM

DER
SCHIMMELREITER

BY

THEODOR STORM

EDITED WITH AN

INTRODUCTION AND NOTES BY

E. H. BURROUGH M.A. (*Cantab.*)
Headmaster of Bablake School Coventry

Nelson

Thomas Nelson and Sons Ltd
Nelson House Mayfield Road
Walton-on-Thames Surrey
KT12 5PL UK

Nelson Blackie
Wester Cleddens Road
Bishopbriggs
Glasgow
G64 2NZ UK

Thomas Nelson Australia
102 Dodds Street
South Melbourne
Victoria 3205 Australia

Nelson Canada
1120 Birchmount Road
Scarborough Ontario
M1K 5G4 Canada

© All rights reserved

First published by George G. Harrap and Co Ltd 1953
ISBN 0-245-52127-5

This edition published by Thomas Nelson and Sons Ltd 1992

I(T)P Thomas Nelson is an International
        Thomson Publishing Company

I(T)P is used under licence

ISBN 0-17-444562-8
NPN 9 8 7 6

All rights reserved. No part of this publication may be reproduced,
copied or transmitted save with written permission or in accordance
with the provisions of the Copyright, Design and Patents Act 1988, or
under the terms of any licence permitting limited copying issued by
the Copyright Licensing Agency, 90 Tottenham Court Road,
London W1P 9HE.

Any person who does any unauthorised act in relation to this
publication may be liable to criminal prosecution and civil claims for
damages.

Printed in Singapore

CONTENTS

INTRODUCTION

Theodor Storm's Life

Theodor Woldsen Storm, the eldest of a family of thirteen, was born at Husum on the coast of Schleswig-Holstein on September 14, 1817. His father was a lawyer in settled circumstances, who was later to earn the respect of the town and the surrounding district through his public service. The name Woldsen came from his mother. Of the two, the father, a melancholy man with a passionate attachment to Husum and Schleswig-Holstein, influenced Storm more, though Storm was never on terms of easy intimacy with either. For the affection he needed during his early years he turned to his maternal great-grandmother, his grandmother, and an elderly family servant. He used to spend his evenings in the company of one or other of these three women listening to their stories of the past, after uninspiring days spent in the *Gelehrtenschule* at Husum, where his father had also been a pupil. In this respect it is worth noting that such story-telling probably influenced Storm, for he later introduced into his *Novellen* legends and superstitions which may well have had their source in the tales thus related to him. Furthermore, he used the technique of a narrator recollecting the past as a framework for many of his stories. It is more probable, however, that even at this early age he absorbed, albeit unconsciously, the natural background for the tales he subsequently wrote, since he spent many of his leisure hours wandering along the seashore of his native town and making excursions to the surrounding countryside.

Storm left the *Gelehrtenschule* in 1835, ending his career there with the public recitation of a poem of his own composition. He had found the instruction dull, and for German literature had had to rely mostly on his own resources. Schiller, for instance, he had read in the attics at home. At the *Gymnasium* in Lübeck, however, to which his father sent him to complete his schooling, he studied German authors more thoroughly. He eagerly read the works of Goethe, Heine, and Eichendorff, and they made a lasting impression on him. But in 1837 he left Lübeck in order to study law at the University of Kiel, as his father had done before him. He spent one year there, and the next year at the University of Berlin, after which he returned to Kiel to complete his studies. He then established himself as a lawyer in Husum, where he built up a successful practice, remaining in Husum until 1852. During these years he wrote a number of poems, some of which owe their inspiration to Constanze Esmarch, whom he married in 1847. In 1852 he published the poems in one volume under the title of *Gedichte*. With this collection of lyrics, sad and tender in content, yet strong and pure in perception, Storm has established his reputation among German lyric-writers. Also lyrical in style and inspiration are the stories he wrote during this period, of which *Immensee* (1850) is the best known. In these stories, as in his poems, he creates an atmosphere of gentle melancholy through which the love of man for woman emerges as the central theme. The town of Husum and the surrounding fenland provide the background.

Husum also provided the background for Storm's later works, but in 1852 he found it necessary to leave Schleswig-Holstein. In company with other German nationalist sympathizers he had attempted to bring about the separation of the two Duchies, Schleswig and Holstein, from the Danish Crown, in the hope of enabling both Duchies to become members of the German Confederation. The Danes succeeded in quelling an abortive revolt after the 1848 Revolutions, however, and a peace concluded with the Diet of the German Confederation left them in full possession of the Duchies. Storm, unable to reconcile himself to Danish rule, sought a post with the Prussian Government and was appointed *Assessor* in the military court at Potsdam (1853). Both

here and at Heiligenstadt, where he became *Kreisrichter*
in 1856, the extent of his literary and social connections
greatly increased. Among other notable figures in the
literary world he met Fontane, Heyse, and two poets
whose work ultimately influenced his own—Eichendorff
and Mörike. Stimulating as these contacts must have
been, however, they did not alleviate his longing for
Husum, though the leisure he enjoyed in his judicial
posts enabled him to write some fifteen stories: *Im
Sonnenschein, Angelika, Wenn die Äpfel reif sind, Auf dem
Staatshof, Späte Rosen, Drüben am Markt, Im Schloss,
Veronika, Auf der Universität, Abseits, Regentrude, Bulemanns
Haus, Unter dem Tannenbaum, Der Spiegel des Cyprianus*, and
part of *Von jenseits des Meers*. In each of these stories an
atmosphere of sentimental nostalgia predominates.

Storm's exile came to an end when the Prussians
defeated the Danes and occupied Schleswig-Holstein.
He returned in 1864 to Husum, where he held the posi-
tions of *Amtsrichter* and *Vogt* until he retired to his country
estate at Hademarschen, south of Husum, in 1880.
Before laying down his judicial duties, however, Storm
began writing a series of historical stories of which *Aquis
Submersus, Renate*, and *Zur Chronik von Grieshuus* are
generally considered to be the most successful. When
writing these stories he drew on his knowledge of
local traditions and made use of archaic language as
a means of heightening his effects. The supremacy of
the family as a principal theme, however, remained
unchallenged.

During his final period, when he wrote among other
stories *Viola Tricolor, Karsten Kurator, Ein Bekenntnis*, and
his last and most powerful *Novelle, Der Schimmelreiter*,
Storm substituted a gloomier, starker atmosphere for the
previous one of gentle melancholy, and the reason for
this change may be discovered in his latter-day experi-
ences. He suffered during his exile. His wife died a
year after his return to Husum. Certainly he married
again, but the premature death of his son (a drink ad-
dict), the death of his father in 1874, and, towards the
end of his own life, the haunting fear that his faculties

might be impaired by illness, all conspired to evoke the air of tragedy peculiar to his later stories.

Theodor Storm died on July 3, 1888.

The Contemporary Literary Background

Theodor Storm's works appeared during the period in the history of German literature commonly known as *Realismus*. This period covered some fifty years of the nineteenth century, beginning about the year 1840 and ending with the death in 1890 of one of its most famous representatives, Gottfried Keller. Precise dates are misleading, since one literary movement merges into another; nevertheless, it may be stated that the writers whose names were most closely associated with the *Realismus* movement published the major part of their works during these years.

The movement was a middle-class one and set out to reflect the contemporary Liberal viewpoint in literature. Perhaps by reason of reaction to the ideals of the *Jung Deutschland* movement in literature, the *Realismus* group deliberately shunned all political issues. The writers of this period, for instance, gave no hint of the efforts of Liberals to transfer power from hereditary monarchies to democratically elected Parliaments; but they accepted the current materialistic philosophy. Like the middle-class Liberals, too, they turned their backs upon the mysticism and more extravagant flights of the Romantics and concerned themselves instead with writing of the familiar realities of life in an earnest and practical manner. Everyday objects and the behaviour of people in everyday life became their chief source of inspiration. Nevertheless, certain traces of Romanticism remained (Storm's stories, for instance, contain elements of the supernatural against their realistic backgrounds); so, since the Romantics had demonstrated for all successive writers the technique of creating a mood or atmosphere (*Stimmung*), the members of the *Realismus* group were not averse to making judicious use of their predecessors' technique when to do so suited their purpose. In so far as it is possible to generalize, however, the realistic writers did devote their attention mainly to the practical and the useful. Their works were created on the secure foundation of the middle-class world in which they lived, and in them they portrayed that community with which they were familiar. They did not seek to judge. They were content merely to record.

Most branches of literature are represented in this period, and a list of its prominent authors includes outstanding names: Droste-Hülshoff (1797–1848), Stifter (1805–68), Gotthelf (1797–1854), Keller (1819–90), Raabe (1831–1910), K. F. Meyer (1825–98), O. Ludwig (1811–65), and to some extent Mörike (1804–75), Grillparzer (1791–1872), and Hebbel (1813–63), contributed their lyrics, novels, and short stories (*Novellen*) and dramas, and developed the art of the short story to perfection. Among these names Theodor Storm holds his place both for his lyrics and his short stories.

Storm's Novellen

Storm's contribution to the German lyric has already been mentioned, and his poems, with their dreamlike quality, their pensive air of melancholy, make a permanent appeal to his fellow-countrymen. But his *Novellen*, of which there are some fifty, constitute the major part of his literary output, and in this sphere he has achieved lasting fame.

Storm employs a technique in his *Novellen* which is primarily lyrical in form. As he himself tells us, his art as a writer of short stories was born of his lyrical poetry. To this extent, then, he may be regarded as a Romantic. In his descriptions of nature, however, he is fundamentally a realist. He read and admired the stories of Adalbert Stifter, and just as Stifter, to whom nature was almost a religion, describes his forests, mountain lakes, and heaths with such affectionate care, so Storm himself recreates with loving exactitude his own particular landscape. For him, it may be claimed, the whole of nature is confined to the moors and fens about Husum, to the trees and flowers which have life there, and to the birds which circle and cry above Husum's sea-washed shore.

His stories, however, have greater impetus than those of Stifter.

For his characters, Storm turns again to his native town. With profound psychological insight, he tells stories of the inhabitants of Husum, their marital problems, their friendships, their quarrels, their disappointments and their failures. He describes, with almost passionate attachment, their furniture, the ornaments on their sideboards, their stoves, their games, and even the manner in which they prepare their meals. He shows them resignedly[1] carrying out their daily tasks. Violence is unknown to them. They are unacquainted with the deeper passions. Nor do they recognize the Church as a living presence. Quietly, they accept births, marriages, and deaths. They fear death, too, and regret the passing of all things temporal. Yet they seldom seek the consolations of religion.

Storm's technique rarely varies throughout his *Novellen*. A narrator, either the author himself or one of the characters, speaks as if to an audience. In *Immensee*, for example, an old man looks upon the picture of a young girl as he sits in an armchair, and the picture inspires him to recall the love of his youth; in another *Novelle* an old lady tells a group of children stories of the past. To some extent, therefore, the similarity of subject, of method of narration, and of background is apt to become wearisome. In addition, Storm frequently displays a tendency to indulge in undue sentimentality. In his last stories, however, of which *Der Schimmelreiter* is the most outstanding by far, the greater strength and intensity of feeling preclude any show of emotional weakness. The problems dealt with may still be confined to the family circle, but the characters are no longer content to bear the sad weight of their memories with resignation. On the contrary, they show themselves ready to struggle against their destinies. In them Storm's great contribution to the *Novelle*, the incorporation of psychological problems, is made manifest.

[1] In *Eine Malerarbeit* the doctor says: *Man muss sein Leben aus dem Holze schnitzen, das man hat — und damit basta.*

Der Schimmelreiter

Of the three roughly chronological groups into which Storm's *Novellen* may be divided—(*i*) those which are characterized by their romantic *Stimmung*, (*ii*) the historical stories, and (*iii*) those in which Storm is more concerned with ethical problems—*Der Schimmelreiter* belongs to the last. It was written during the last two years of his life. Elements common to the majority of his *Novellen* are to be found in *Der Schimmelreiter*, notably the familiar figure of the narrator. In this instance, however, Storm elaborates his favourite technical device by stating that he himself has read the story of *Der Schimmelreiter* in a periodical during his youth, and that it purports to be a certain traveller's version of a story heard from the local schoolmaster. This attempt at elaboration is unimportant, for Storm writes so vividly that such a detail is quickly forgotten as the story moves on. Nevertheless, he uses the device with consummate skill as a means for allowing breathing space to the reader while the story progresses from stage to stage; so he ensures that his effects will make their fullest impact upon the reader's imagination. The device also enables him to introduce local superstitions and supernatural occurrences, all of which increase the general air of tension, but for whose presence in the story Storm himself carries no responsibility. Otherwise, his approach is entirely realistic.

Storm chooses the dikes along the shore in the neighbourhood of Husum as the scene of *Der Schimmelreiter*. He introduces and describes with indisputable accuracy the changes in the weather, the varying moods of the sea, the houses, the furniture in the houses, and the ways of people who inhabit a dikeside village. His knowledge of all matters concerning the dikes, their construction and maintenance, is unquestionable, and he enhances his descriptions of the region by the use of purely local words. His literary skill is such, however, that though no detail is omitted, the movement of the story never suffers interruption. He does not give us the actual rules of the game of *Eisbosseln* for instance, but we gather from the text that it is a ball-game in which players from two villages participate. Sides are picked, and an umpire is present to see fair play. Each side has a small ball, and a marking-poll is driven into the ground wherever the ball may fall. Each new throw of the ball is made from the marking-poll. The chief aim of the players is to strike the goal, which is placed at a considerable distance away from them.

Der Schimmelreiter abounds in examples of realistic writing, yet they in no way diminish the brilliance of the narrative. The story never fails to grip our attention, for though it contains the usual family problem (in this case, first the absence of children, then the presence of a backward child), though it is gloomy like its predecessors, it deals with a deeper and more exciting psychological problem. In *Der Schimmelreiter* Storm portrays a strong, active, and determined man whose main purpose in life is to benefit humanity, who overcomes difficulties within his home, and who is defeated only when illness robs him of the power to remain true to his ideals. The story is in no way weakened by its supernatural element as this is an inextricable part of the pattern. Except for the stroke of fate at the end, the development follows logically and inevitably, from the character of the man and the nature of the task he has set himself.

SELECT BIBLIOGRAPHY

EICHENTOPF, H.: *Theodor Storms Erzählungskunst in ihrer Entwickelung* (Marburg, 1908).

BRACHER, H.: *Rahmenerzählung und Verwandtes bei Keller, Meyer, und Storm* (Leipzig, 1909).

SCHÜTZE, P.: *Theodor Storm, sein Leben und seine Dichtung* (Berlin, Paetel, 1911).

STORM, G.: *Theodor Storm, ein Bild seines Lebens* (Berlin, Paetel, 1912).

PITROU, R.: *La Vie et l'Œuvre de Theodor Storm* (Paris, Alcan, 1920).

Articles on Storm appear in histories of German literature, but Mr. E. K. Bennett gives a comprehensive account of Storm's *Novellen* in *A History of the German Novelle* (C.U.P., 1934). Storm's complete works have been published at Braunschweig (1905–7), and by the Insel-Verlag (Leipzig, 1924).

NOTE

An asterisk indicates that the word or phrase so marked is dealt with in the notes at the end of the book. The technical terms connected with the dikes and words peculiar to the region are explained. Some passages of dialect are put into modern German, and in some cases idioms and unfamiliar words are translated.

DER SCHIMMELREITER

Was ich zu berichten beabsichtige, ist mir vor reichlich* einem halben Jahrhundert im Hause meiner Urgrossmutter, der alten Frau Senator Feddersen, kundgeworden, während ich, an ihrem Lehnstuhl sitzend, mich mit dem Lesen eines in blaue Pappe eingebundenen Zeitschriftenheftes beschäftigte; ich vermag mich nicht mehr zu entsinnen, ob von den „Leipziger" oder von „Pappes Hamburger Lesefrüchten." Noch fühl' ich es gleich einem Schauer, wie dabei die linde Hand der über Achtzigjährigen mitunter liebkosend über das Haupthaar ihres Urenkels hinglitt. Sie selbst und jene Zeit sind längst begraben; vergebens auch habe ich seitdem jenen Blättern nachgeforscht, und ich kann daher um so weniger weder die Wahrheit der Tatsachen verbürgen, als, wenn jemand sie bestreiten wollte, dafür aufstehen; nur so viel kann ich versichern, dass ich sie seit jener Zeit, obwohl sie durch keinen äusseren Anlass in mir aufs neue belebt wurden, niemals aus dem Gedächtnis verloren habe.

*   *   *

Es war im dritten Jahrzehnt unseres Jahrhunderts, an einem Oktobernachmittag — so begann der damalige Erzähler —, als ich bei starkem Unwetter auf einem nordfriesischen Deich entlang ritt. Zur Linken hatte ich jetzt schon seit über einer Stunde die öde, bereits von allem Vieh geleerte Marsch,* zur Rechten, und zwar in unbehaglichster Nähe, das Wattenmeer* der Nordsee; zwar sollte man vom Deiche aus auf Halligen* und Inseln sehen können; aber ich sah nichts als die gelbgrauen Wellen, die unaufhörlich wie mit Wutgebrüll an den Deich hinaufschlugen und mitunter mich und das Pferd mit schmutzigem Schaum bespritzten; dahinter wüste Dämmerung, die Himmel und Erde nicht unterscheiden

I

liess; denn auch der halbe Mond, der jetzt in der Höhe stand, war meist von treibendem Wolkendunkel überzogen. Es war eiskalt; meine verklommenen* Hände konnten kaum den Zügel halten, und ich verdachte es nicht den Krähen und Möwen, die sich fortwährend krächzend und gackernd vom Sturm ins Land hineintreiben liessen. Die Nachtdämmerung hatte begonnen, und schon konnte ich nicht mehr mit Sicherheit die Hufe meines Pferdes erkennen; keine Menschenseele war mir begegnet, ich hörte nichts als das Geschrei der Vögel, wenn sie mich oder meine treue Stute fast mit den langen Flügeln streiften, und das Toben von Wind und Wasser. Ich leugne nicht, ich wünschte mich mitunter in sicheres Quartier.

Das Wetter dauerte jetzt in den dritten Tag, und ich hatte mich schon über Gebühr von einem mir besonders lieben Verwandten auf seinem Hofe halten lassen, den er in einer der nördlicheren Harden* besass. Heute aber ging es nicht länger; ich hatte Geschäfte in der Stadt, die auch jetzt wohl noch ein paar Stunden weit nach Süden vor mir lag, und trotz aller Überredungskünste des Vetters, und seiner lieben Frau, trotz der schönen selbstgezogenen Perinette- und Grand-Richard-Äpfel, die noch zu probieren waren, am Nachmittag war ich davongeritten. „Wart' nur, bis du ans Meer kommst," hatte er noch an seiner Haustür mir nachgerufen; „du kehrst noch wieder um; dein Zimmer wird dir vorbehalten!"

Und wirklich, einen Augenblick, als eine schwarze Wolkenschicht es pechfinster um mich machte und gleichzeitig die heulenden Böen* mich samt meiner Stute vom Deich herabzudrängen suchten, fuhr es mir wohl durch den Kopf: „Sei kein Narr! Kehr' um und setz' dich zu deinen Freunden ins warme Nest!" Dann aber fiel's mir ein, der Weg zurück war wohl noch länger als der nach meinem Reiseziel; und so trabte ich weiter, den Kragen meines Mantels um die Ohren ziehend.

Jetzt aber kam auf dem Deiche etwas gegen mich heran; ich hörte nichts; aber immer deutlicher, wenn der halbe Mond ein karges Licht herabliess, glaubte ich eine dunkle Gestalt zu erkennen, und bald, da sie näher kam, sah ich es, sie sass auf einem Pferde, einem hochbeinigen, hageren Schimmel; ein dunkler Mantel flatterte um ihre Schultern, und im Vorbeifliegen sahen mich zwei brennende Augen aus einem bleichen Antlitz an.

Wer war das? Was wollte der? — Und jetzt fiel mir bei, ich hatte keinen Hufschlag, kein Keuchen des Pferdes vernommen; und Ross und Reiter waren doch hart an mir vorbeigefahren!

In Gedanken darüber ritt ich weiter, aber ich hatte nicht lange Zeit zum Denken, schon fuhr es von rückwärts wieder an mir vorbei; mir war, als streifte mich der fliegende Mantel, und die Erscheinung war, wie das erstemal, lautlos an mir vorübergestoben. Dann sah ich sie fern und ferner vor mir; dann war's, als säh' ich plötzlich ihren Schatten an der Binnenseite* des Deiches hinuntergehen.

Etwas zögernd ritt ich hinterdrein. Als ich jene Stelle erreicht hatte, sah ich hart am Deich im Kooge* unten das Wasser einer grossen Wehle* blinken — so nennen sie dort die Brüche, welche von den Sturmfluten in das Land gerissen werden, und die dann meist als kleine, aber tiefgründige Teiche stehenbleiben.

Das Wasser war, trotz des schützenden Deiches, auffallend bewegt; der Reiter konnte es nicht getrübt haben; ich sah nichts weiter von ihm. Aber ein anderes sah ich, das ich mit Freuden jetzt begrüsste: vor mir, von unten aus dem Kooge, schimmerten eine Menge zerstreuter Lichtscheine zu mir herauf; sie schienen aus jenen langgestreckten friesischen Häusern zu kommen, die vereinzelt auf mehr oder minder hohen Werften* lagen; dicht vor mir aber auf halber Höhe des Binnendeiches* lag ein grosses Haus derselben Art; an der Südseite, rechts von der Haustür, sah ich alle Fenster erleuchtet; dahinter gewahrte ich Menschen und glaubte trotz des Sturmes sie zu hören. Mein Pferd war schon von selbst auf den Weg am Deich hinabgeschritten, der mich vor die Tür des Hauses führte. Ich sah wohl, dass es ein Wirtshaus war; denn

3

vor den Fenstern gewahrte ich die sogenannten „Ricks",
das heisst auf zwei Ständern ruhende Balken mit grossen,
eisernen Ringen zum Anbinden des Viehes und der
Pferde, die hier haltmachten.

Ich band das meine an einen derselben und überwies
es dann dem Knechte, der mir beim Eintritt in den Flur
entgegenkam. „Ist hier Versammlung?" frug ich ihn,
da mir jetzt deutlich ein Geräusch von Menschenstimmen und Gläserklirren aus der Stubentür entgegendrang.

„Is wull so wat*," entgegnete der Knecht auf platt-
deutsch — und ich erfuhr nachher, dass dieses neben
dem Friesischen hier schon seit über hundert Jahren im
Schwange gewesen sei — „Diekgraf* un Gevollmächtigten* un wecke von de annern Interessenten!* Dat
is um't hoge Water!"

Als ich eintrat, sah ich etwa ein Dutzend Männer an
einem Tische sitzen, der unter den Fenstern entlang
lief; eine Punschbowle stand darauf, und ein besonders
stattlicher Mann schien die Herrschaft über sie zu führen.

Ich grüsste und bat, mich zu ihnen setzen zu dürfen,
was bereitwillig gestattet wurde. „Sie halten hier die
Wacht!" sagte ich, mich zu jenem Manne wendend, „es
ist bös Wetter draussen; die Deiche werden ihre Not
haben!"*

„Gewiss," erwiderte er; „wir, hier an der Ostseite,
aber glauben, jetzt ausser Gefahr zu sein; nur drüben
an der anderen Seite ist's nicht sicher; die Deiche sind
dort meist noch mehr nach altem Muster; unser
Hauptdeich ist schon im vorigen Jahrhundert umgelegt.
— Uns ist vorhin da draussen kalt geworden, und
Ihnen," setzte er hinzu, „wird es ebenso gegangen sein;
aber wir müssen hier noch ein paar Stunden aushalten;
wir haben sichere Leute draussen, die uns Bericht
erstatten." Und ehe ich meine Bestellung bei dem
Wirte machen konnte, war schon ein dampfendes Glas
mir hingeschoben.

Ich erfuhr bald, dass mein freundlicher Nachbar der
Deichgraf sei; wir waren ins Gespräch gekommen, und
ich hatte begonnen, ihm meine seltsame Begegnung auf
dem Deiche zu erzählen. Er wurde aufmerksam, und

4

ich bemerkte plötzlich, dass alles Gespräch umher verstummt war. „Der Schimmelreiter!" rief einer aus der Gesellschaft, und eine Bewegung des Erschreckens ging durch die übrigen.

Der Deichgraf war aufgestanden. „Ihr braucht nicht zu erschrecken," sprach er über den Tisch hin; „das ist nicht bloss für uns; Anno 17 hat es auch denen drüben gegolten,* mögen sie auf alles vorgefasst sein!"*

Mich wollte nachträglich ein Grauen überlaufen: „Verzeiht!" sprach ich, „was ist das mit dem Schimmelreiter?"

Abseits hinter dem Ofen, ein wenig gebückt, sass ein kleiner, hagerer Mann in einem abgeschabten schwarzen Röcklein; die eine Schulter schien ein wenig ausgewachsen. Er hatte mit keinem Worte an der Unterhaltung der anderen teilgenommen; aber seine bei dem spärlichen grauen Haupthaar noch immer mit dunklen Wimpern besäumten Augen zeigten deutlich, dass er nicht zum Schlaf hier sitze.

Gegen diesen streckte der Deichgraf seine Hand: „Unser Schulmeister", sagte er mit erhobener Stimme, „wird von uns hier Ihnen das am besten erzählen können; freilich nur in seiner Weise und nicht so richtig, wie zu Haus meine alte Wirtschafterin Antje Vollmers es beschaffen* würde."

„Ihr scherzet, Deichgraf!" kam die etwas kränkliche Stimme des Schulmeisters hinter dem Ofen hervor, „dass Ihr mir Euern dummen Drachen wollt zur Seite stellen!"

„Ja, ja, Schulmeister!" erwiderte der andere; „aber bei den Drachen sollen derlei Geschichten am besten in Verwahrung sein!"

„Freilich!" sagte der kleine Herr; „wir sind hierin nicht ganz derselben Meinung", und ein überlegenes Lächeln glitt über das feine Gesicht.

„Sie sehen wohl," raunte der Deichgraf mir ins Ohr; „er ist immer noch ein wenig hochmütig; er hat in seiner Jugend einmal Theologie studiert und ist nur einer verfehlten Brautschaft wegen hier in seiner Heimat als Schulmeister behangen geblieben."

5

Dieser war inzwischen aus seiner Ofenecke hervorgekommen und hatte sich neben mich an den langen Tisch gesetzt. „Erzählt, erzählt nur, Schulmeister," riefen ein paar der Jüngeren aus der Gesellschaft.

„Nun freilich", sagte der Alte, sich zu mir wendend, „will ich gern zu Willen sein*; aber es ist viel Aberglaube dazwischen und eine Kunst, es ohne diesen zu erzählen."

„Ich muss Euch bitten, den nicht auszulassen," erwiderte ich; „traut mir nur zu, dass ich schon selbst die Spreu vom Weizen sondern werde!"

Der Alte sah mich mit verständnisvollem Lächeln an: „Nun also!" sagte er. „In der Mitte des vorigen Jahrhunderts, oder vielmehr, um genauer zu bestimmen, vor und nach derselben gab es hier einen Deichgrafen, der von Deich- und Sielsachen* mehr verstand, als Bauern und Hofbesitzer sonst zu verstehen pflegen; aber es reichte doch wohl kaum, denn was die studierten Fachleute darüber niedergeschrieben, davon hatte er wenig gelesen; sein Wissen hatte er sich, wenn auch von Kindesbeinen an, nur selber ausgesonnen. Ihr hörtet wohl schon, Herr, die Friesen rechnen gut, und habet auch wohl schon über unseren Hans Mommsen von Fahretoft reden hören, der ein Bauer war und doch Bussolen* und Seeuhren, Teleskopen und Orgeln machen konnte. Nun, ein Stück von solch einem Manne war auch der Vater des nachherigen Deichgrafen gewesen; freilich wohl nur ein kleines. Er hatte ein paar Fennen,* wo er Raps und Bohnen baute, auch eine Kuh graste, ging unterweilen im Herbst und Frühjahr auch aufs Landmessen und sass im Winter, wenn der Nordwest von draussen kam und an seinen Läden rüttelte, zu ritzen und zu prickeln,* in seiner Stube. Der Junge sass meist dabei und sah über seine Fibel* oder Bibel weg dem Vater zu, wie er mass und berechnete, und grub sich mit der Hand in seinen blonden Haaren. Und eines Abends frug er den Alten, warum denn das, was er eben hingeschrieben hatte, gerade so sein müsse und nicht anders sein könne, und stellte dann eine eigene Meinung darüber auf. Aber der Vater, der darauf nicht zu antworten wusste, schüttelte den Kopf und sprach: ‚Das kann ich dir nicht sagen; genug, es ist so, und du selber irrst dich. Willst du mehr wissen, so suche morgen aus der Kiste, die auf unserem Boden* steht, ein Buch; einer, der Euklid hiess, hat's geschrieben; das wird's dir sagen!‘

— — Der Junge war tags darauf zu Boden gelaufen und hatte auch bald das Buch gefunden; denn viele Bücher gab es überhaupt nicht in dem Hause; aber der Vater lachte, als er es vor ihm auf den Tisch legte. Es war ein holländischer Euklid, und Holländisch, wenngleich es doch halb Deutsch war, verstanden alle beide nicht. ‚Ja, ja,‘ sagte er, ‚das Buch ist noch von meinem Vater, der verstand es; ist denn kein deutscher da?‘

Der Junge, der von wenig Worten war, sah den Vater ruhig an und sagte nur: ‚Darf ich's behalten? Ein deutscher ist nicht da.‘

Und als der Alte nickte, wies er noch ein zweites, halbzerrissenes Büchlein vor. ‚Auch das?‘ frug er wieder.

‚Nimm sie alle beide!‘ sagte Tede Haien; ‚sie werden dir nicht viel nützen.‘

Aber das zweite Buch war eine kleine holländische Grammatik, und da der Winter noch lange nicht vorüber war, so hatte es, als endlich die Stachelbeeren in ihrem Garten wieder blühten, dem Jungen schon soweit geholfen, dass er den Euklid, welcher damals stark im Schwange war, fast überall verstand.

„Es ist mir nicht unbekannt, Herr,“ unterbrach sich der Erzähler, „dass dieser Umstand auch von Hans Mommsen erzählt wird; aber vor dessen Geburt ist hier bei uns schon die Sache von Hauke Haien — so hiess der Knabe — berichtet worden. Ihr wisset auch wohl, es braucht nur einmal ein Grösserer zu kommen, so wird ihm alles aufgeladen, was in Ernst oder Schimpf seine Vorgänger einst mögen verübt haben.

Als der Alte sah, dass der Junge weder für Kühe noch Schafe Sinn hatte und kaum gewahrte, wenn die Bohnen blühten, was doch die Freude von jedem Marschmann ist, und weiterhin bedachte, dass die kleine Stelle wohl mit einem Bauer und einem Jungen, aber nicht mit einem Halbgelehrten und einem Knecht bestehen könne, ingleichen, dass er auch selber nicht auf einen grünen Zweig gekommen sei,* so schickte er seinen grossen Jungen an den Deich, wo er mit anderen Arbeitern von Ostern bis Martini* Erde karren musste. ,Das wird ihn vom Euklid kurieren,' sprach er bei sich selber.

Und der Junge karrte; aber den Euklid hatte er allzeit in der Tasche, und wenn die Arbeiter ihr Frühstück oder Vesper* assen, sass er auf seinem umgestülpten Schubkarren mit dem Buche in der Hand. Und wenn im Herbst die Fluten höher stiegen und manch ein Mal die Arbeit eingestellt werden musste, dann ging er nicht mit den anderen nach Haus, sondern blieb, die Hände über die Knie gefaltet, an der abfallenden Seeseite des Deiches sitzen und sah stundenlang zu, wie die trüben Nordseewellen immer höher an die Grasnarbe des Deiches hinaufschlugen; erst wenn ihm die Füsse überspült waren und der Schaum ihm ins Gesicht spritzte, rückte er ein paar Fuss höher und blieb dann wieder sitzen. Er hörte weder das Klatschen des Wassers noch das Geschrei der Möwen und Strandvögel, die um oder über ihm flogen und ihn fast mit ihren Flügeln streiften, mit den schwarzen Augen in die seinen blitzend; er sah auch nicht, wie vor ihm über die weite, wilde Wasserwüste sich die Nacht ausbreitete; was er allein hier sah, war der brandende Saum des Wassers, der, als die Flut stand, mit hartem Schlage immer wieder dieselbe Stelle traf und vor seinen Augen die Grasnarbe des steilen Deiches auswusch.

Nach langem Hinstarren nickte er wohl langsam mit dem Kopfe oder zeichnete, ohne aufzusehen, mit der Hand eine weiche Linie in die Luft, als ob er dem Deiche damit einen sanfteren Abfall geben wollte. Wurde es so dunkel, dass alle Erdendinge vor seinen Augen verschwanden und nur die Flut ihm in die Ohren donnerte, dann stand er auf und trabte halbdurchnässt nach Hause.

Als er so eines Abends zu seinem Vater in die Stube trat, der an seinen Messgeräten putzte, fuhr dieser auf: ,Was treibst du draussen? Du hättest ja versaufen* können; die Wasser beissen heute in den Deich.'

Hauke sah ihn trotzig an.

— ‚Hörst du mich nicht? Ich sag', du hättst versaufen können.‘

‚Ja,‘ sagte Hauke; ‚ich bin doch nicht versoffen!‘

‚Nein,‘ erwiderte nach einer Weile der Alte und sah ihm wie abwesend ins Gesicht, — ‚diesmal noch nicht.‘

‚Aber,‘ sagte Hauke wieder, ‚unsere Deiche sind nichts wert!‘

— ‚Was für was, Junge?‘

‚Die Deiche, sag' ich!‘

— ‚Was sind die Deiche?‘

‚Sie taugen nichts, Vater!‘ erwiderte Hauke.

Der Alte lachte ihm ins Gesicht. ‚Was denn, Junge? Du bist wohl das Wunderkind* aus Lübeck!‘

Aber der Junge liess sich nicht irren. ‚Die Wasserseite ist zu steil,‘ sagte er; ‚wenn es einmal kommt, wie es mehr als einmal schon gekommen ist, so können wir hier auch hinterm Deich ersaufen!‘

Der Alte holte seinen Kautabak aus der Tasche, drehte einen Schrot ab und schob ihn hinter die Zähne. ‚Und wieviel Karren hast du heut' geschoben?‘ frug er ärgerlich; denn er sah wohl, dass auch die Deicharbeit bei dem Jungen die Denkarbeit nicht hatte vertreiben können.

‚Weiss nicht, Vater,‘ sagte dieser; ‚so, was die anderen machten; vielleicht ein halbes Dutzend mehr; aber — die Deiche müssen anders werden!‘

‚Nun,‘ meinte der Alte und stiess ein Lachen aus; ‚du kannst es ja vielleicht zum Deichgraf bringen; dann mach' sie anders!‘

‚Ja, Vater!‘ erwiderte der Junge.

Der Alte sah ihn an und schluckte ein paarmal; dann ging er aus der Tür; er wusste nicht, was er dem Jungen antworten sollte.

* * *

Auch als zu Ende Oktober die Deicharbeit vorbei war, blieb der Gang nordwärts nach dem Haf* hinaus für Hauke Haien die beste Unterhaltung; den Allerheiligentag,* um den herum die Äquinoktialstürme* zu tosen pflegen, von dem wir sagen, dass Friesland ihn wohl beklagen mag, erwartete er wie heut' die Kinder das Christfest. Stand eine Springflut bevor, so konnte man sicher sein, er lag trotz Sturm und Wetter weit draussen am Deiche mutterseelenallein; und wenn die Möwen gackerten, wenn die Wasser gegen den Deich tobten und beim Zurückrollen ganze Fetzen von der Grasdecke mit ins Meer hinabrissen, dann hätte man Haukes zorniges Lachen hören können. ,Ihr könnt nichts Rechtes,' schrie er in den Lärm hinaus, , so wie die Menschen auch nichts können!' Und endlich, oft im Finsteren, trabte er aus der weiten Öde den Deich entlang nach Hause, bis seine aufgeschossene Gestalt die niedrige Tür unter seines Vaters Rohrdach erreicht hatte und darunter durch in das kleine Zimmer schlüpfte.

Manchmal hatte er eine Faust voll Kleierde* mitgebracht; dann setzte er sich neben den Alten, der ihn jetzt gewähren liess, und knetete bei dem Schein der dünnen Unschlittkerze allerlei Deichmodelle, legte sie in ein flaches Gefäss mit Wasser und suchte darin die Ausspülung der Wellen nachzumachen, oder er nahm seine Schiefertafel und zeichnete darauf das Profil* der Deiche nach der Seeseite, wie es nach seiner Meinung sein musste.

Mit denen zu verkehren, die mit ihm auf der Schulbank gesessen hatten, fiel ihm nicht ein; auch schien es, als ob ihnen an dem Träumer nichts gelegen sei. Als es wieder Winter geworden und der Frost hereingebrochen war, wanderte er noch weiter, wohin er früher nie gekommen, auf den Deich hinaus, bis die unabsehbare eisbedeckte Fläche der Watten vor ihm lag.

Im Februar bei dauerndem Frostwetter wurden angetriebene Leichen aufgefunden; draussen am offenen Haf auf den gefrorenen Watten* hatten sie gelegen. Ein junges Weib, die dabei gewesen war, als man sie in das Dorf geholt hatte, stand redselig vor dem alten Haien: ,Glaubt nicht, dass sie wie Menschen aussahen,' rief sie; ,nein, wie die Seeteufel! So grosse Köpfe,' und sie hielt die ausgespreizten Hände von weitem gegeneinander, ,gnidderschwarz* und blank, wie frischgebacken Brot!

Und die Krabben hatten sie angeknabbert, und die Kinder schrien laut, als sie sie sahen!'

Dem alten Haien war so was just nichts Neues: ‚Sie haben wohl seit November schon in See getrieben!' sagte er gleichmütig.

Hauke stand schweigend daneben; aber sobald er konnte, schlich er sich auf den Deich hinaus; es war nicht zu sagen, wollte er noch nach weiteren Toten suchen, oder zog ihn nur das Grauen, das noch auf den jetzt verlassenen Stellen brüten musste. Er lief weiter und weiter, bis er einsam in der Öde stand, wo nur die Winde über den Deich wehten, wo nichts war als die klagenden Stimmen der grossen Vögel, die rasch vorüberschossen; zu seiner Linken die leere, weite Marsch, zur anderen Seite der unabsehbare Strand mit seiner jetzt vom Eise schimmernden Fläche der Watten; es war, als liege die ganze Welt in weissem Tod.

Hauke blieb oben auf dem Deiche stehen, und seine scharfen Augen schweiften weit umher; aber von Toten war nichts mehr zu sehen; nur wo die unsichtbaren Wattströme sich darunter drängten, hob und senkte die Eisfläche sich in stromartigen Linien.

Er lief nach Hause; aber an einem der nächsten Abende war er wiederum da draussen. Auf jenen Stellen war jetzt das Eis gespalten; wie Rauchwolken stieg es aus den Rissen, und über das ganze Watt spann sich ein Netz von Dampf und Nebel, das sich seltsam mit der Dämmerung des Abends mischte. Hauke sah mit starren Augen darauf hin; denn in dem Nebel schritten dunkle Gestalten auf und ab, sie schienen ihm so gross wie Menschen. Würdevoll, aber mit seltsamen, erschreckenden Gebärden; mit langen Nasen und Hälsen sah er sie fern an den rauchenden Spalten auf und ab spazieren; plötzlich begannen sie wie Narren unheimlich auf und ab zu springen, die grossen über die kleinen und die kleinen gegen die grossen; dann breiteten sie sich aus und verloren alle Form.

‚Was wollen die? Sind es die Geister der Ertrunkenen?' dachte Hauke. ‚Hoiho!' schrie er laut in die Nacht hinaus; aber die draussen kehrten sich nicht an seinen Schrei, sondern trieben ihr wunderliches Wesen fort.

Da kamen ihm die furchtbaren norwegischen Seegespenster in den Sinn, von denen ein alter Kapitän ihm einst erzählt hatte, die statt des Angesichts einen stumpfen Pull* von Seegras auf dem Nacken tragen; aber er lief nicht fort, sondern bohrte die Hacken seiner Stiefel fest in den Klei des Deiches und sah starr dem possenhaften Unwesen zu, das in der einfallenden Dämmerung vor seinen Augen fortspielte. ‚Seid ihr auch hier bei uns?‘ sprach er mit harter Stimme; ‚ihr sollt mich nicht vertreiben!‘

Erst als die Finsternis alles bedeckte, schritt er steifen, langsamen Schrittes heimwärts. Aber hinter ihm drein kam es wie Flügelrauschen und hallendes Geschrei. Er sah nicht um; aber er ging auch nicht schneller und kam erst spät nach Hause; doch niemals soll er seinem Vater oder einem anderen davon erzählt haben. Erst viele Jahre später hat er sein blödes Mädchen, womit später der Herrgott ihn belastete, um dieselbe Tages- und Jahreszeit mit sich auf den Deich hinausgenommen, und dasselbe Wesen soll sich derzeit draussen auf den Watten gezeigt haben; aber er hat ihr gesagt, sie solle sich nicht fürchten, das seien nur die Fischreiher und die Krähen, die im Nebel so gross und fürchterlich erschienen; die holten sich die Fische aus den offenen Spalten.

„Weiss Gott, Herr!" unterbrach sich der Schulmeister; „es gibt auf Erden allerlei Dinge, die ein ehrlich Christenherz verwirren können; aber der Hauke war weder ein Narr noch ein Dummkopf."

Da ich nichts erwiderte, wollte er fortfahren; aber unter den übrigen Gästen, die bisher lautlos zugehört hatten, nur mit dichterem Tabaksqualm das niedrige Zimmer füllend, entstand eine plötzliche Bewegung; erst einzelne, dann fast alle wandten sich dem Fenster zu. Draussen — man sah es durch die unverhangenen Fenster — trieb der Sturm die Wolken, und Licht und Dunkel jagten durcheinander; aber auch mir war es, als hätte ich den hageren Reiter auf seinem Schimmel vorbeisausen gesehen.

„Wart' Er ein wenig, Schulmeister!" sagte der Deich-graf leise.

„Ihr braucht Euch nicht zu fürchten, Deichgraf!" erwiderte der kleine Erzähler, „ich habe ihn nicht geschmäht, und hab' auch dessen keine Ursach", und er sah mit seinen kleinen, klugen Augen zu ihm auf.

„Ja, ja," meinte der andere; „lass Er Sein Glas nur wieder füllen." Und nachdem das geschehen war und die Zuhörer, meist mit etwas verdutzten Gesichtern, sich wieder zu ihm gewandt hatten, fuhr er in seiner Geschichte fort:

„So für sich, und am liebsten nur mit Wind und Wasser und mit den Bildern der Einsamkeit verkehrend, wuchs Hauke zu einem langen, hageren Burschen auf. Er war schon über ein Jahr lang eingesegnet,* da wurde es auf einmal anders mit ihm, und das kam von dem alten, weissen Angorakater,* welchen der alten Trin' Jans einst ihr später verunglückter Sohn von seiner spanischen Seereise mitgebracht hatte. Trin' wohnte ein gut Stück hinaus auf dem Deiche in einer kleinen Kate,* und wenn die Alte in ihrem Hause herum-arbeitete, so pflegte diese Unform von einem Kater vor der Haustür zu sitzen und in den Sommertag und nach den vorüberfliegenden Kiebitzen hinauszublinzeln. Ging Hauke vorbei, so mauzte der Kater ihn an, und Hauke nickte ihm zu; die beiden wussten, was sie miteinander hatten.

Nun aber war's einmal im Frühjahr, und Hauke lag nach seiner Gewohnheit oft draussen am Deich, schon weiter unten dem Wasser zu, zwischen Strandnelken und dem duftenden Seewermut, und liess sich von der schon kräftigen Sonne bescheinen. Er hatte sich tags zuvor droben auf der Geest* die Taschen voll von Kieseln gesammelt, und als in der Ebbezeit die Watten bloss-gelegt waren und die kleinen grauen Strandläufer schreiend darüber huschten, holte er jählings einen Stein hervor und warf ihn nach den Vögeln. Er hatte das von Kindesbeinen an geübt, und meistens blieb einer auf dem Schlick liegen; aber ebenso oft war er dort auch nicht zu holen; Hauke hatte schon daran gedacht, den

Kater mitzunehmen und als apportierenden Jagdhund*
zu dressieren. Aber es gab auch hier und dort feste Stellen
oder Sandlager; solchenfalls lief er hinaus und holte sich
seine Beute selbst. Sass der Kater bei seiner Rückkehr
noch vor der Haustür, dann schrie das Tier vor nicht
zu bergender Raubgier so lange, bis Hauke ihm einen
der erbeuteten Vögel zuwarf.

Als er heute, seine Jacke auf der Schulter, heimging,
trug er nur einen ihm noch unbekannten, aber wie mit
bunter Seide und Metall gefiederten Vogel mit nach
Hause, und der Kater mauzte wie gewöhnlich, als er ihn
kommen sah. Aber Hauke wollte seine Beute — es mag
ein Eisvogel gewesen sein — diesmal nicht hergeben und
kehrte sich nicht an die Gier des Tieres. ‚Umschicht!‘*
rief er ihm zu, ‚heute mir, morgen dir; das hier ist kein
Katerfressen!‘ Aber der Kater kam vorsichtigen
Schrittes herangeschlichen; Hauke stand und sah ihn
an, der Vogel hing an seiner Hand, und der Kater blieb
mit erhobener Tatze stehen. Doch der Bursche schien
seinen Katzenfreund noch nicht so ganz zu kennen;
denn während er ihm seinen Rücken zugewandt hatte
und eben fürbass* wollte, fühlte er mit einem Ruck die
Jagdbeute sich entrissen, und zugleich schlug eine
scharfe Kralle ihm ins Fleisch. Ein Grimm, wie gleichfalls eines Raubtieres, flog dem jungen Menschen ins
Blut; er griff wie rasend um sich und hatte den Räuber
schon am Genicke gepackt. Mit der Faust hielt er das
mächtige Tier empor und würgte es, dass die Augen ihm
aus den rauhen Haaren vorquollen, nicht achtend, dass
die starken Hintertatzen ihm den Arm zerfleischten.
‚Hoiho!‘ schrie er und packte ihn noch fester; ‚wollen
sehen, wer's von uns beiden am längsten aushält!‘

Plötzlich fielen die Hinterbeine der grossen Katze
schlaff herunter, und Hauke ging ein paar Schritte
zurück und warf sie gegen die Kate der Alten. Da sie
sich nicht rührte, wandte er sich und setzte seinen Weg
nach Hause fort.

Aber der Angorakater war das Kleinod seiner Herrin;
er war ihr Geselle und das einzige, was ihr Sohn, der
Matrose, ihr hinterlassen hatte, nachdem er hier an der

Küste seinen jähen Tod gefunden hatte, da er im Sturm seiner Mutter beim Porrenfangen* hatte helfen wollen. Hauke mochte kaum hundert Schritte weiter getan haben, während er mit einem Tuch das Blut aus seinen Wunden auffing, als schon von der Kate her ihm ein Geheul und Zetern in die Ohren gellte. Da wandte er sich und sah davor das alte Weib am Boden liegen; das greise Haar flog ihr im Winde um das rote Kopftuch: ‚Tot!‘ rief sie, ‚tot!‘ und erhob dräuend ihren mageren Arm gegen ihn: ‚Du sollst verflucht sein! Du hast ihn totgeschlagen, du nichtsnutziger Strandläufer; du warst nicht wert, ihm seinen Schwanz zu bürsten!‘ Sie warf sich über das Tier und wischte zärtlich mit ihrer Schürze ihm das Blut fort, das noch aus Nase und Schnauze rann; dann hob sie aufs neue an zu zetern.

‚Bist du bald fertig?‘ rief Hauke ihr zu, ‚dann lass dir sagen: ich will dir einen Kater schaffen, der mit Maus- und Rattenblut zufrieden ist!‘

Darauf ging er, scheinbar auf nichts mehr achtend, fürbass. Aber die tote Katze musste ihm doch im Kopfe Wirrsal machen, denn er ging, als er zu den Häusern gekommen war, dem seines Vaters und auch den übrigen vorbei und eine weite Strecke noch nach Süden auf dem Deich der Stadt zu.

Inmittelst wanderte auch Trin’ Jans auf demselben in der gleichen Richtung; sie trug in einem alten, blaukarierten* Kissenüberzug eine Last in ihren Armen, die sie sorgsam, als wär’s ein Kind, umklammerte; ihr greises Haar flatterte in dem leichten Frühlingswind. ‚Was schleppt Sie da, Trina?‘ frug ein Bauer, der ihr entgegenkam. ‚Mehr als dein Haus und Hof,‘ erwiderte die Alte; dann ging sie eifrig weiter. Als sie dem unten liegenden Hause des alten Haien nahe kam, ging sie den Akt, wie man bei uns die Trift-* und Fusswege nennt, die schräg an der Seite des Deiches hinaboder hinaufführen, zu den Häusern hinunter.

Der alte Tede Haien stand eben vor der Tür und sah ins Wetter. ‚Na, Trin’!‘ sagte er, als sie pustend vor ihm stand und ihren Krückstock in die Erde bohrte, ‚was bringt Sie Neues in Ihrem Sack?‘

‚Erst lass mich in die Stube, Tede Haien! dann soll
Er's sehen!' und ihre Augen sahen ihn mit seltsamem
Funkeln an.

‚So komm Sie!' sagte der Alte.   Was gingen ihn die
Augen des dummen Weibes an!

Und als beide eingetreten waren, fuhr sie fort: ‚Bring
Er den alten Tabakskasten und das Schreibzeug von
dem Tisch — — Was hat Er denn immer zu schreiben?
— — So, und nun wisch Er ihn sauber ab!"

Und der Alte, der fast neugierig wurde, tat alles, was
sie sagte; dann nahm sie den blauen Überzug bei beiden
Zipfeln und schüttete daraus den grossen Katerleichnam
auf den Tisch.   ‚Da hat Er ihn!' rief sie; ‚Sein Hauke
hat ihn totgeschlagen.'   Hierauf aber begann sie ein
bitterliches Weinen; sie streichelte das dicke Fell des
toten Tieres, legte ihm die Tatzen zusammen, neigte
ihre lange Nase über dessen Kopf und raunte ihm unverständliche Zärtlichkeiten in die Ohren.

Tede Haien sah dem zu.   ‚So,' sagte er; ‚Hauke hat
ihn totgeschlagen?'   Er wusste nicht, was er mit dem
heulenden Weibe machen sollte.

Die Alte nickte ihn grimmig an.   ‚Ja, ja; so Gott, das
hat er getan!' und sie wischte sich mit ihrer von Gicht
verkrümmten Hand das Wasser aus den Augen.   ‚Kein
Kind, kein Lebigs* mehr!' klagte sie.   ‚Und Er weiss
es ja auch wohl, uns Alten, wenn's nach Allerheiligen
kommt, frieren abends im Bett die Beine, und statt zu
schlafen, hören wir den Nordwest an unseren Fenster-
läden rappeln.   Ich hör's nicht gern, Tede Haien; er
kommt daher, wo mein Junge mir im Schlick versank.'

Tede Haien nickte, und die Alte streichelte das Fell
ihres toten Katers: ‚Der aber,' begann sie wieder, ‚wenn
ich winters am Spinnrad sass, dann sass er bei mir und
spann auch und sah mich an mit seinen grünen Augen!
Und kroch ich, wenn's mir kalt wurde, in mein Bett —
es dauerte nicht lang, so sprang er zu mir und legte sich
auf meine frierenden Beine, und wir schliefen warm mit-
sammen.'   Die Alte, als suche sie bei dieser Erinnerung
nach Zustimmung, sah den neben ihr am Tische stehen-
den Alten mit ihren funkelnden Augen an.

Tede Haien aber sagte bedächtig: ‚Ich weiss Ihr einen Rat, Trin' Jans,‘ und er ging nach seiner Schatulle und nahm eine Silbermünze aus der Schublade — ‚Sie sagte, dass Hauke Ihr das Tier vom Leben gebracht hat, und ich weiss, Sie lügt nicht; aber hier ist ein Krontaler von Christian dem Vierten*; damit kauf' Sie sich ein gegerbtes Lammfell für Ihre kalten Beine! Und wenn unsere Katze nächstens Junge wirft, so mag Sie sich das grösste davon aussuchen; das zusammen tut wohl* einen altersschwachen Angorakater! Und nun nehm' Sie das Vieh und bring' Sie es meinethalb an den Racker* in der Stadt, und halt' Sie das Maul, dass es hier auf meinem ehrlichen Tisch gelegen hat!‘

Während dieser Rede hatte das Weib schon nach dem Taler gegriffen und ihn in einer kleinen Tasche geborgen, die sie unter ihren Röcken trug; dann stopfte sie den Kater wieder in die Bettbühr,* wischte mit ihrer Schürze die Blutflecken von dem Tisch und stakte* zur Tür hinaus. ‚Vergess Er mir nur den jungen Kater nicht!‘ rief sie noch zurück.

— — Eine Weile später, als der alte Haien in dem engen Stüblein auf und ab schritt, trat Hauke herein und warf seinen bunten Vogel auf den Tisch; als er aber auf der weiss gescheuerten Platte den noch kennbaren Blutfleck sah, frug er, wie beiläufig: ‚Was ist denn das?‘

Der Vater blieb stehen: ‚Das ist Blut, was du hast fliessen machen!‘

Dem Jungen schoss es doch heiss ins Gesicht*: ‚Ist denn Trin' Jans mit ihrem Kater hier gewesen?‘

Der Alte nickte: ‚Weshalb hast du ihr den totge- schlagen?‘

Hauke entblösste seinen blutigen Arm. ‚Deshalb,‘ sagte er; ‚er hatte mir den Vogel fortgerissen!‘

Der Alte sagte nichts hierauf; er begann eine Zeitlang wieder auf und ab zu gehen; dann blieb er vor dem Jungen stehen und sah eine Weile wie abwesend auf ihn hin. ‚Das mit dem Kater hab' ich rein gemacht,‘ sagte er dann; ‚aber, siehst du, Hauke, die Kate ist hier zu klein; zwei Herren können darauf nicht sitzen — es ist nun Zeit, du musst dir einen Dienst besorgen!‘*

‚Ja, Vater,‘ entgegnete Hauke; ‚hab’ dergleichen auch gedacht.‘

‚Warum?‘ frug der Alte.

— ‚Ja, man wird grimmig in sich, wenn man’s nicht an einem ordentlichen Stück Arbeit auslassen kann.‘

‚So?‘ sagte der Alte, ‚und darum hast du den Angorer totgeschlagen? Das könnte leicht noch schlimmer werden!‘

— ‚Er mag wohl recht haben, Vater; aber der Deichgraf hat seinen Kleinknecht fortgejagt; das könnt’ ich schon verrichten!‘

Der Alte begann wieder auf und ab zu gehen und spritzte dabei die schwarze Tabaksjauche von sich: ‚Der Deichgraf ist ein Dummkopf, dumm wie ’ne Saatgans! Er ist nur Deichgraf, weil sein Vater und Grossvater es gewesen sind, und wegen seiner neunundzwanzig Fennen. Wenn Martini herankommt und hernach die Deich- und Sielrechnungen abgetan werden müssen, dann füttert er den Schulmeister mit Gansbraten und Met* und Weizenkringeln* und sitzt dabei und nickt, wenn der mit seiner Feder die Zahlenreihen hinunterläuft, und sagt: ‚Ja, ja, Schulmeister, Gott vergönn’s Ihm! Was kann Er rechnen! Wenn aber einmal der Schulmeister nicht kann oder auch nicht will, dann muss er selber dran und sitzt und schreibt und streicht wieder aus, und der grosse, dumme Kopf wird ihm rot und heiss, und die Augen quellen wie Glaskugeln, als wollte das bisschen Verstand da hinaus.‘

Der Junge stand gerade auf vor dem Vater und wunderte sich, was der reden könne; so hatte er’s noch nicht von ihm gehört. ‚Ja, Gott tröst!‘ sagte er, ‚dumm ist er wohl; aber seine Tochter Elke, die kann rechnen!‘

Der Alte sah ihn scharf an. ‚Ahoi, Hauke,‘ rief er, ‚was weisst du von Elke Volkerts?‘

— ‚Nichts, Vater; der Schulmeister hat’s mir nur erzählt.‘

Der Alte antwortete nicht darauf; er schob nur bedächtig seinen Tabaksknoten* aus einer Backe hinter die andere.

‚Und du denkst,˙ sagte er dann, ‚du wirst dort auch mitrechnen können.'

‚O ja, Vater, das möcht' schon gehen', erwiderte der Sohn, und ein ernstes Zucken lief um seinen Mund.

Der Alte schüttelte den Kopf: ‚Nein, aber meinethalb; versuch' einmal dein Glück!'

‚Dank auch, Vater!' sagte Hauke und stieg zu seiner Schlafstatt auf dem Boden; hier setzte er sich auf die Bettkante und sann, weshalb ihn denn sein Vater um Elke Volkerts angerufen* habe. Er kannte sie freilich, das ranke achtzehnjährige Mädchen mit dem bräunlichen schmalen Antlitz und den dunklen Brauen, die über den trotzigen Augen und der schmalen Nase ineinander liefen; doch hatte er noch kaum ein Wort mit ihr gesprochen; nun, wenn er zu dem alten Tede Volkerts ging, wollte er sie doch besser darauf ansehen, was es mit dem Mädchen auf sich habe. Und gleich jetzt wollte er gehen, damit kein anderer ihm die Stelle abjage; es war ja kaum noch Abend. Und so zog er seine Sonntagsjacke und seine besten Stiefel an und machte sich guten Mutes auf den Weg.

— Das langgestreckte Haus des Deichgrafen war durch seine hohe Werfte, besonders durch den höchsten Baum des Dorfes, eine gewaltige Esche, schon von weitem sichtbar; der Grossvater des jetzigen, der erste Deichgraf des Geschlechtes, hatte in seiner Jugend eine solche osten* der Haustür hier gesetzt; aber die beiden ersten Anpflanzungen waren vergangen, und so hatte er an seinem Hochzeitsmorgen diesen dritten Baum gepflanzt, welcher noch jetzt mit seiner immer mächtiger werdenden Blätterkrone in dem hier unablässigen Winde wie von alten Zeiten rauschte.

Als nach einer Weile der lang aufgeschossene* Hauke die hohe Werfte hinaufstieg, welche an den Seiten mit Rüben und Kohl bepflanzt war, sah er droben die Tochter des Hauswirts neben der niedrigen Haustür stehen. Ihr einer etwas hagerer Arm hing schlaff herab, die andere Hand schien im Rücken nach dem Eisenring zu greifen, von denen je einer zu beiden Seiten der Tür in der Mauer war, damit, wer vor das Haus ritt, sein

Pferd daran befestigen könne. Die Dirne schien von dort ihre Augen über den Deich hinaus nach dem Meer zu haben, wo an dem stillen Abend die Sonne eben in das Wasser hinabsank und zugleich das bräunliche Mädchen mit ihrem letzten Schein vergoldete.

Hauke stieg etwas langsamer an der Werfte hinan und dachte bei sich: ‚So ist sie nicht so dösig*!‘ dann war er oben. ‚Guten Abend auch!‘ sagte er, zu ihr tretend; ‚wonach guckst du denn mit deinen grossen Augen, Jungfer Elke?‘

‚Nach dem,‘ erwiderte sie, ‚was hier alle Abend vor sich geht, aber hier nicht alle Abend just zu sehen ist.‘ Sie liess den Ring aus der Hand fallen, dass er klingend gegen die Mauer schlug. ‚Was willst du, Hauke Haien?‘ frug sie.

‚Was dir hoffentlich nicht zuwider ist,‘ sagte er. ‚Dein Vater hat seinen Kleinknecht fortgejagt, da dachte ich bei euch in Dienst.‘

Sie liess ihre Blicke an ihm herunterlaufen: ‚Du bist noch so was schlanterig,* Hauke!‘ sagte sie; ‚aber uns dienen zwei feste Augen besser als zwei feste Arme!‘ Sie sah ihn dabei fast düster an, aber Hauke hielt ihr tapfer stand. ‚So komm,‘ fuhr sie fort; ‚der Wirt ist in der Stube, lass uns hineingehen!‘

*　　　*　　　*

Am anderen Tage trat Tede Haien mit seinem Sohne in das geräumige Zimmer des Deichgrafen; die Wände waren mit glasierten Kacheln bekleidet, auf denen hier ein Schiff mit vollen Segeln oder ein Angler an einem Uferplatz, dort ein Rind, das kauend vor einem Bauernhause lag, den Beschauer vergnügen konnte; unterbrochen war diese dauerhafte Tapete durch ein mächtiges Wandbett mit jetzt zugeschobenen Türen und einen Wandschrank, der durch seine beiden Glastüren allerlei Porzellan- und Silbergeschirr erblicken liess; neben der Tür zum anstossenden Pesel* war hinter einer Glasscheibe eine holländische Schlaguhr in die Wand gelassen.

Der starke, etwas schlagflüssige Hauswirt sass am Ende

des blank gescheuerten Tisches im Lehnstuhl auf seinem bunten Wollenpolster. Er hatte seine Hände über dem Bauch gefaltet und starrte aus seinen runden Augen befriedigt auf das Gerippe einer fetten Ente; Gabel und Messer ruhten vor ihm auf dem Teller.

‚Guten Tag, Deichgraf!‘ sagte Haien, und der Angeredete drehte langsam Kopf und Augen zu ihm hin.

‚Ihr seid es, Tede?‘ entgegnete er, und der Stimme war die verzehrte fette Ente anzuhören, ‚setzt Euch; es ist ein gut Stück von Euch zu mir herüber!‘

‚Ich komme, Deichgraf,‘ sagte Tede Haien, indem er sich auf die an der Wand entlang laufende Bank dem anderen im Winkel gegenübersetzte, ‚Ihr habt Verdruss mit Eurem Kleinknecht gehabt und seid mit meinem Jungen einig geworden, ihn an dessen Stelle zu setzen!‘

Der Deichgraf nickte: ‚Ja, ja, Tede; aber — was meint Ihr mit Verdruss? Wir Marschleute haben, Gott tröst' uns, was dagegen einzunehmen!‘ und er nahm das vor ihm liegende Messer und klopfte wie liebkosend auf das Gerippe der armen Ente. ‚Das war mein Leibvogel,‘* setzte er behaglich lachend hinzu; ‚sie frass mir aus der Hand!‘

‚Ich dachte,‘ sagte der alte Haien, das letzte überhörend, ‚der Bengel* hätte Euch Unheil im Stall gemacht.‘

‚Unheil? Ja, Tede; freilich Unheil genug! Der dicke Mopsbraten'* hatte die Kälber nicht gebörnt*; aber er lag vollgetrunken auf dem Heuboden, und das Viehzeug schrie die ganze Nacht vor Durst, dass ich bis Mittag nachschlafen musste; dabei kann die Wirtschaft nicht bestehen!‘

‚Nein, Deichgraf; aber dafür ist keine Gefahr bei meinem Jungen.‘

Hauke stand, die Hände in den Seitentaschen, am Türpfosten, hatte den Kopf im Nacken* und studierte an den Fensterrähmen ihm gegenüber.

Der Deichgraf hatte die Augen zu ihm gehoben und nickte hinüber: ‚Nein, nein, Tede‘; und er nickte nun auch dem Alten zu; ‚Euer Hauke wird mir die Nachtruh' nicht verstören; der Schulmeister hat's mir vordem gesagt, der sitzt lieber vor der Rechentafel als vor einem Glas mit Branntwein.'

Hauke hörte nicht auf diesen Zuspruch; denn Elke war in die Stube getreten und nahm mit ihrer leichten Hand die Reste der Speisen von dem Tisch, ihn mit ihren dunklen Augen flüchtig streifend. Da fielen seine Blicke auch auf sie. ,Bei Gott und Jesus,' sprach er bei sich selber, ,sie sieht auch so nicht dösig aus!'

Das Mädchen war hinausgegangen. ,Ihr wisset, Tede,' begann der Deichgraf wieder, ,unser Herrgott hat mir einen Sohn versagt!'

,Ja, Deichgraf; aber lasst Euch das nicht kränken,' entgegnete der andere, ,denn im dritten Gliede soll der Familienverstand ja verschleissen*; Euer Grossvater, das wissen wir noch alle, war einer, der das Land geschützt hat!'

Der Deichgraf, nach einigem Besinnen, sah schier verdutzt aus: ,Wie meint Ihr das, Tede Haien?' sagte er und setzte sich in seinem Lehnstuhl auf; ,ich bin ja doch im dritten Gliede!'

,Ja so! Nicht für ungut,* Deichgraf; es geht nur so die Rede!' Und der hagere Tede Haien sah den alten Würdenträger mit etwas boshaften Augen an.

Der aber sprach unbekümmert: ,Ihr müsst Euch von alten Weibern dergleichen Torheit nicht aufschwatzen lassen, Tede Haien; Ihr kennt nur meine Tochter nicht, die rechnet mich selber dreimal um und um! Ich wollt' nur sagen, Euer Hauke wird ausser im Felde auch hier in meiner Stube mit Feder oder Rechenstift so manches profitieren können, was ihm nicht schaden wird!'

,Ja, ja, Deichgraf, das wird er; da habt Ihr völlig recht!' sagte der alte Haien und begann dann noch einige Vergünstigungen bei dem Mietkontrakt sich auszubedingen, die abends vorher von seinem Sohne nicht bedacht waren. So sollte dieser ausser seinen leinenen Hemden im Herbst auch noch acht Paar wollene Strümpfe als Zugabe seines Lohnes geniessen; so wollte er selbst ihn im Frühling acht Tage bei der eigenen Arbeit haben, und was dergleichen mehr war.

Aber der Deichgraf war zu allem willig; Hauke Haien schien ihm eben der rechte Kleinknecht.

— — ‚Nun, Gott tröst' dich, Junge,' sagte der Alte, da sie eben das Haus verlassen hatten, ‚wenn der dir die Welt klarmachen soll!'

Aber Hauke erwiderte ruhig: ‚Lass Er nur, Vater; es wird schon alles werden.'

*　　*　　*

Und Hauke hatte so unrecht nicht gehabt; die Welt, oder was ihm die Welt bedeutete, wurde ihm klarer, je länger sein Aufenthalt in diesem Hause dauerte; vielleicht um so mehr, je weniger ihm eine überlegene Einsicht zu Hilfe kam, und je mehr er auf seine eigene Kraft angewiesen war, mit der er sich von jeher beholfen hatte.   Einer freilich war im Hause, für den er nicht der Rechte zu sein schien; das war der Grossknecht* Ole Peters, ein tüchtiger Arbeiter und ein maulfertiger Geselle.   Ihm war der träge, aber dumme und stämmige Kleinknecht von vorhin besser nach seinem Sinn gewesen, dem er ruhig die Tonne Hafer auf den Rücken hatte laden und den er nach Herzenslust hatte herumstossen können.   Dem noch stilleren, aber ihn geistig überragenden Hauke vermochte er in solcher Weise nicht beizukommen*; er hatte eine gar zu eigene Art, ihn anzublicken.   Trotzdem verstand er es, Arbeiten für ihn auszusuchen, die seinem noch nicht gefesteten Körper hätten gefährlich werden können, und Hauke, wenn der Grossknecht sagte: ‚Da hättest du den dicken Niss nur sehen sollen, dem ging es von der Hand*!' fasste nach Kräften an und brachte es, wenn auch mit Mühsal, doch zu Ende.   Ein Glück war es für ihn, dass Elke selbst oder durch ihren Vater das meistens abzustellen wusste. Man mag wohl fragen, was mitunter ganz fremde Menschen aneinander bindet; vielleicht — sie waren beide geborene Rechner, und das Mädchen konnte ihren Kameraden in der groben Arbeit nicht verderben sehen.

Der Zwiespalt zwischen Gross- und Kleinknecht wurde auch im Winter nicht besser, als nach Martini

23

die verschiedenen Deichrechnungen zur Revision* eingelaufen waren.

Es war an einem Maiabend, aber es war Novemberwetter; von drinnen im Hause hörte man draussen hinterm Deich die Brandung donnern. ‚He, Hauke,‘ sagte der Hausherr, ‚komm herein; nun magst du weisen, ob du rechnen kannst!‘

‚Uns’ Weert,‘* entgegnete dieser, — denn so nennen hier die Leute ihre Herrschaft — ‚ich soll aber erst das Jungvieh füttern!‘

‚Elke!‘ rief der Deichgraf; ‚wo bist du, Elke! — Geh’ zu Ole und sag’ ihm, er sollte das Jungvieh füttern; Hauke soll rechnen!‘

Und Elke eilte in den Stall und machte dem Grossknecht die Bestellung, der eben damit beschäftigt war, das über Tag gebrauchte Pferdegeschirr wieder an seinen Platz zu hängen.

Ole Peters schlug mit einer Trense* gegen den Ständer, neben dem er sich beschäftigte, als wolle er sie kurz und klein haben*: ‚Hol’ der Teufel den verfluchten Schreiberknecht!‘

Sie hörte die Worte noch, bevor sie die Stalltür wieder geschlossen hatte.

‚Nun?‘ frug der Alte, als sie in die Stube trat.

‚Ole wollte es schon besorgen,‘ sagte die Tochter, ein wenig sich die Lippen beissend, und setzte sich Hauke gegenüber auf einen grobgeschnitzten Holzstuhl, wie sie noch derzeit hier an Winterabenden im Hause selbst gemacht wurden. Sie hatte aus einem Schubkasten einen weissen Strumpf mit rotem Vogelmuster genommen, an dem sie nun weiterstrickte; die langbeinigen Kreaturen darauf mochten Reiher oder Störche bedeuten sollen. Hauke sass ihr gegenüber in seine Rechnerei vertieft, der Deichgraf selbst ruhte in seinem Lehnstuhl und blinzelte schläfrig nach Haukes Feder; auf dem Tisch brannten, wie immer im Deichgrafenhause, zwei Unschlittkerzen, und vor den beiden in Blei gefassten Fenstern waren von aussen die Läden vorgeschlagen und von innen zugeschroben; mochte der Wind nun poltern, wie er wollte. Mitunter hob Hauke seinen Kopf von der Arbeit und blickte einen Augenblick nach den Vogelstrümpfen oder nach dem schmalen, ruhigen Gesicht des Mädchens.

Da tat es aus dem Lehnstuhl plötzlich einen lauten Schnarcher, und ein Blick und ein Lächeln flog zwischen den beiden jungen Menschen hin und wieder; dann folgte allmählich ein ruhigeres Atmen; man konnte wohl ein wenig plaudern; Hauke wusste nur nicht, was.

Als sie aber das Strickzeug in die Höhe zog und die Vögel sich nun in ihrer ganzen Länge zeigten, flüsterte er über den Tisch hinüber: ‚Wo hast du das gelernt, Elke?‘

‚Was gelernt?‘ frug das Mädchen zurück.

— ‚Das Vogelstricken‘, sagte Hauke.

‚Das? Von Trin’ Jans draussen am Deich; sie kann allerlei; sie war vorzeiten einmal bei meinem Grossvater hier im Dienst.‘

‚Da warst du aber wohl noch nicht geboren?‘ fragte Hauke.

‚Ich denk’ wohl nicht; aber sie ist noch oft ins Haus gekommen.‘

‚Hat denn die die Vögel gern?‘ frug Hauke; ‚ich meint’, sie hielt es nur mit Katzen!‘*

Elke schüttelte den Kopf: ‚Sie zieht* ja Enten und verkauft sie; aber im vorigen Frühjahr, als du den Angorer totgeschlagen hattest, sind ihr hinten im Stall die Ratten dazwischen gekommen; nun will sie sich vorn am Hause einen anderen bauen.‘

‚So,‘ sagte Hauke und zog einen leisen Pfiff durch die Zähne, ‚dazu hat sie von der Geest sich Lehm und Steine hergeschleppt! Aber dann kommt sie in den Binnenweg*; — hat sie denn Konzession?‘*

‚Weiss ich nicht,‘ meinte Elke. Aber er hatte das letzte Wort so laut gesprochen, dass der Deichgraf aus seinem Schlummer auffuhr. ‚Was Konzession?‘ frug er und sah fast wild von einem zu der anderen. ‚Was soll die Konzession?‘

Als aber Hauke ihm dann die Sache vorgetragen hatte, klopfte er ihm lachend auf die Schulter: ‚Ei was, der

Binnenweg ist breit genug; Gott tröst' den Deichgrafen, sollt' er sich auch noch um die Entenställe kümmern!'

Hauke fiel es aufs Herz,* dass er die Alte mit ihren jungen Enten den Ratten sollte preisgegeben haben, und er liess sich mit dem Einwand abfinden. ‚Aber, uns' Weert,' begann er wieder, ‚es tät' wohl dem und jenem ein kleiner Zwicker* gut, und wollet Ihr ihn nicht selber greifen, so zwicket den Gevollmächtigten, der auf die Deichordnung passen soll!'

‚Wie, was sagt der Junge?' und der Deichgraf setzte sich vollends auf, und Elke liess ihren künstlichen Strumpf sinken und wandte das Ohr hinüber.

‚Ja, uns' Weert,' fuhr Hauke fort, ‚Ihr habt doch schon die Frühlingsschau* gehalten; aber trotzdem hat Peter Hansen auf seinem Stück das Unkraut auch noch heute nicht gebuscht;* im Sommer werden die Stieglitzer da wieder lustig um die roten Distelblumen spielen! Und dicht daneben, ich weiss nicht, wem's gehört, ist an der Aussenseite eine ganze Wiege in dem Deich; bei schön Wetter liegt es immer voll von kleinen Kindern, die sich darin wälzen; aber — Gott bewahr' uns vor Hochwasser!'

Die Augen des alten Deichgrafen waren immer grösser geworden.

‚Und dann —' sagte Hauke wieder.

‚Was dann noch, Junge?' frug der Deichgraf; ‚bist du noch nicht fertig?' und es klang, als sei der Rede seines Kleinknechts ihm schon zuviel geworden.

‚Ja, dann, uns' Weert,' sprach Hauke weiter, ‚Ihr kennt die dicke Vollina, die Tochter vom Gevollmächtigten Harders, die immer ihres Vaters Pferde aus der Fenne holt, — wenn sie nur eben mit ihren runden Waden auf der alten, gelben Stute sitzt, hü hopp! so geht's allemal schräg an der Dossierung* den Deich hinan!'

Hauke bemerkte erst jetzt, dass Elke ihre klugen Augen auf ihn gerichtet hatte und leise ihren Kopf schüttelte.

Er schwieg, aber ein Faustschlag, den der Alte auf den Tisch tat, dröhnte ihm in die Ohren; ‚da soll das Wetter dreinschlagen!' rief er, und Hauke erschrak beinahe

26

über die Bärenstimme, die plötzlich hier hervorbrach:
,Zur Brüche!* Notier' mir das dicke Mensch zur
Brüche, Hauke! Die Dirne hat mir im letzten Sommer
drei junge Enten weggefangen! Ja, ja, notier' nur,'
wiederholte er, als Hauke zögerte; ,ich glaub' sogar, es
waren vier!'

,Ei, Vater,' sagte Elke, ,war's nicht die Otter, die die
Enten nahm?'

,Eine grosse Otter!' rief der Alte schnaufend; ,werd'
doch die dicke Vollina und eine Otter auseinander
kennen! Nein, nein, vier Enten, Hauke — aber was du
im übrigen schwatzest, der Herr Oberdeichgraf* und
ich, nachdem wir zusammen in meinem Hause hier
gefrühstückt hatten, sind im Frühjahr an deinem Unkraut und an deiner Wiege vorbeigefahren und haben's
doch nicht sehen können. Ihr beide aber', und er
nickte ein paarmal bedeutsam gegen Hauke und seine
Tochter, ,danket Gott, dass ihr nicht Deichgraf seid!
Zwei Augen hat man nur, und mit hundert soll man
sehen. — — Nimm nur die Rechnungen über die
Bestickungsarbeiten,* Hauke, und sieh sie nach; die
Kerls rechnen oft zu liederlich!'
Dann lehnte er sich wieder in seinen Stuhl zurück,
ruckte den schweren Körper ein paarmal und überliess
sich bald dem sorgenlosen Schlummer.

*   *   *

Dergleichen wiederholte sich an manchem Abend.
Hauke hatte scharfe Augen und unterliess es nicht, wenn
sie beisammensassen, das eine oder andere von schäd-
lichem Tun oder Unterlassen in Deichsachen dem Alten
vor die Augen zu rücken, und da dieser sie nicht immer
schliessen konnte, so kam unversehens ein lebhafterer
Geschäftsgang in die Verwaltung, und die, welche
früher im alten Schlendrian fortgesündigt hatten und
jetzt unerwartet ihre frevlen oder faulen Finger geklopft
fühlten, sahen sich unwillig und verwundert um, woher
die Schläge denn gekommen seien. Und Ole, der
Grossknecht, säumte nicht, möglichst weit die Offen-
barung zu verbreiten und dadurch gegen Hauke und

seinen Vater, der doch die Mitschuld tragen musste, in diesen Kreisen einen Widerwillen zu erregen; die anderen aber, welche nicht getroffen waren oder denen es um die Sache selbst zu tun war, lachten und hatten ihre Freude, dass der Junge den Alten doch einmal etwas in Trab gebracht habe. ‚Schad' nur,' sagten sie, ‚dass der Bengel nicht den gehörigen Klei unter den Füssen hat;* das gäbe später sonst einmal wieder einen Deichgrafen, wie vordem sie dagewesen sind; aber die paar Demat* seines Alten, die täten's denn doch nicht!'

Als im nächsten Herbst der Herr Amtmann* und Oberdeichgraf zur Schauung* kam, sah er sich den alten Tede Volkerts von oben bis unten an, während dieser ihn zum Frühstück nötigte. ‚Wahrhaftig, Deichgraf,' sagte er, ‚ich dacht's mir schon, Ihr seid in der Tat um ein Halbstieg Jahre* jünger geworden; Ihr habt mir diesmal mit all Euern Vorschlägen warm gemacht; wenn wir mit alledem nur heute fertig werden!'

‚Wird schon, wird schon, gestrenger Herr Oberdeichgraf,' erwiderte der Alte schmunzelnd, ‚der Gansbraten da wird schon die Kräfte stärken! Ja, Gott sei Dank, ich bin noch allezeit frisch und munter!' Er sah sich in der Stube um, ob auch nicht etwa Hauke um die Wege sei; dann setzte er in würdevoller Ruhe noch hinzu: ‚So hoffe ich zu Gott, noch meines Amtes ein paar Jahre in Segen warten* zu können.'

‚Und darauf, lieber Deichgraf,' erwiderte sein Vorgesetzter, sich erhebend, ‚wollen wir dieses Glas zusammen trinken!'

Elke, die das Frühstück bestellt hatte, ging eben, während die Gläser aneinanderklangen, mit leisem Lachen aus der Stubentür. Dann holte sie eine Schüssel Abfall aus der Küche und ging durch den Stall, um es vor der Aussentür dem Federvieh vorzuwerfen. Im Stall stand Hauke Haien und steckte den Kühen, die man der argen Witterung wegen schon jetzt hatte heraufnehmen müssen, mit der Furke Heu in ihre Raufen. Als er aber das Mädchen kommen sah, stiess er die Furke in den Grund. ‚Nu, Elke!' sagte er.

Sie blieb stehen und nickte ihm zu: ‚Ja, Hauke; aber eben hättest du drinnen sein müssen!‘

‚Meinst du? Warum denn, Elke?‘

‚Der Herr Oberdeichgraf hat den Wirt gelobt!‘

— ‚Den Wirt? Was tut das mir?‘

‚Nein, ich mein', den Deichgrafen hat er gelobt!‘

Ein dunkles Rot flog über das Gesicht des jungen Menschen: ‚Ich weiss wohl,‘ sagte er, ‚wohin du damit segeln willst!‘*

‚Werd' nur nicht rot, Hauke; du warst es ja doch eigentlich, den der Oberdeichgraf lobte!‘

Hauke sah sie mit halbem Lächeln an. ‚Auch du doch, Elke!‘ sagte er.

Aber sie schüttelte den Kopf: ‚Nein, Hauke; als ich allein der Helfer war, da wurden wir nicht gelobt. Ich kann ja auch nur rechnen; du aber siehst draussen alles, was der Deichgraf doch wohl selber sehen sollte; du hast mich ausgestochen!‘

‚Ich hab' das nicht gewollt, dich am mindesten,‘ sagte Hauke zaghaft, und er stiess den Kopf einer Kuh zur Seite: ‚Komm, Rotbunt, friss mir nicht die Furke auf, du sollst ja alles haben!‘

‚Denk nur nicht, dass mir's leid tut, Hauke,‘ sagte nach kurzem Sinnen das Mädchen; ‚das ist ja Mannessache!‘

Da streckte Hauke ihr den Arm entgegen: ‚Elke, gib mir die Hand darauf!‘

Ein tiefes Rot schoss unter die dunklen Brauen des Mädchens. ‚Warum? Ich lüg' ja nicht!‘ rief sie.

Hauke wollte antworten; aber sie war schon zum Stall hinaus, und er stand mit seiner Furke in der Hand und hörte nur, wie draussen die Enten und Hühner um sie schnatterten und krähten.

*   *   *

Es war im Januar von Haukes drittem Dienstjahr, als ein Winterfest gehalten werden sollte; ‚Eisbosseln‘* nennen sie es hier. Ein ständiger Frost hatte beim Ruhen der Küstenwinde alle Gräben zwischen den Fennen mit einer festen ebenen Kristallfläche belegt, so dass die zerschnittenen Landstücke nun eine weite Bahn für das Werfen der kleinen mit Blei ausgegossenen Holzkugeln bildeten, womit das Ziel erreicht werden sollte. Tagaus, tagein wehte ein leichter Nordost: alles war schon in Ordnung; die Geestleute in dem zu Osten über der Marsch belegenen Kirchdorf, die im vorigen Jahre gesiegt hatten, waren zum Wettkampf gefordert und hatten angenommen; von jeder Seite waren neun Werfer aufgestellt; auch der Obmann und die Kretler* waren gewählt. Zu letzteren, die bei Streitfällen über einen zweifelhaften Wurf miteinander zu verhandeln hatten, wurden allezeit Leute genommen, die ihre Sache ins beste Licht zu rücken verstanden, am liebsten Burschen, die ausser gesundem Menschenverstand auch noch ein lustig Mundwerk hatten. Dazu gehörte vor allem Ole Peters, der Grossknecht des Deichgrafen. ,Werft nur wie die Teufel,' sagte er; ,das Schwatzen tu' ich schon umsonst!'

Es war gegen Abend vor dem Festtag; in der Nebenstube des Kirchspielkruges* droben auf der Geest war eine Anzahl von den Werfern erschienen, um über die Aufnahme einiger zuletzt noch Angemeldeten zu beschliessen. Hauke Haien war auch unter diesen; er hatte erst nicht wollen, obschon er seiner wurfgeübten Arme sich wohl bewusst war; aber er fürchtete, durch Ole Peters, der einen Ehrenposten in dem Spiel bekleidete, zurückgewiesen zu werden; die Niederlage wollte er sich sparen. Aber Elke hatte ihm noch in der elften Stunde den Sinn gewandt: ,Er wird's nicht wagen, Hauke,' hatte sie gesagt; ,er ist ein Tagelöhnersohn; dein Vater hat Kuh und Pferd und ist dazu der klügste Mann im Dorf!'

,Aber, wenn er's dennoch fertig bringt?'

Sie sah ihn halb lächelnd aus ihren dunklen Augen an. ,Dann', sagte sie, ,soll er sich den Mund wischen, wenn er abends mit seines Wirts Tochter zu tanzen denkt!' — Da hatte Hauke ihr mutig zugenickt.

Nun standen die jungen Leute, die noch in das Spiel hineinwollten, frierend und fusstrampelnd vor dem Kirchspielskrug und sahen nach der Spitze des aus

30

Felsblöcken gebauten Kirchturms hinauf, neben dem das Krughaus lag. Des Pastors Tauben, die sich im Sommer auf den Feldern des Dorfes nährten, kamen eben von den Höfen und Scheuern der Bauern zurück, wo sie sich jetzt ihre Körner gesucht hatten, und verschwanden unter den Schindeln des Turmes, hinter denen sie ihre Nester hatten; im Westen über dem Haf stand ein glühendes Abendrot.

,Wird gut Wetter morgen!' sagte der eine der jungen Burschen und begann heftig auf und ab zu wandern; ,aber kalt! kalt!' Ein zweiter, als er keine Taube mehr fliegen sah, ging in das Haus und stellte sich horchend neben die Tür der Stube, aus der jetzt ein lebhaftes Durcheinanderreden herausscholl; auch des Deichgrafen Kleinknecht war neben ihn getreten. ,Hör', Hauke,' sagte er zu diesem; ,nun schreien sie um dich!' und deutlich hörte man von drinnen Ole Peters' knarrende Stimme: ,Kleinknechte und Jungens gehören nicht dazu!'

,Komm,' flüsterte der andere und suchte Hauke am Rockärmel an die Stubentür zu ziehen, ,hier kannst du lernen, wie hoch sie dich taxieren!'

Aber Hauke riss sich los und ging wieder vor das Haus: ,Sie haben uns nicht ausgesperrt, damit wir's hören sollen!' rief er zurück.

Vor dem Hause stand der dritte der Angemeldeten. ,Ich fürcht', mit mir hat's einen Haken,'* rief er ihm entgegen; ,ich hab' kaum achtzehn Jahre; wenn sie nur den Taufschein nicht verlangen! Dich, Hauke, wird dein Grossknecht schon herauskreteln!'*

,Ja, heraus!' brummte Hauke und schleuderte mit dem Fusse einen Stein über den Weg, ,nur nicht hinein!'

Der Lärm in der Stube wurde stärker; dann allmählich trat eine Stille ein; die draussen hörten wieder den leisen Nordost, der sich oben an der Kirchturmspitze brach. Der Horcher trat wieder zu ihnen. ,Wen hatten sie da drinnen?' frug der Achtzehnjährige.

,Den da!' sagte jener und wies auf Hauke; ,Ole Peters wollte ihn zum Jungen machen; aber alle schrien dagegen. Und sein Vater hat Vieh und Land, sagte

Jess Hansen. Ja, Land, rief Ole Peters, das man auf dreizehn Karren wegfahren kann! — Zuletzt kam Ole Hensen: Still da! schrie er, ich will's euch lehren: sagt nur, wer ist der erste Mann im Dorf? Da schwiegen sie erst und schienen sich zu besinnen; dann sagte eine Stimme: Das ist doch wohl der Deichgraf! Und alle anderen riefen: Nun ja, unserthalb der Deichgraf! — Und wer ist denn der Deichgraf? rief Ole Hensen wieder; aber nun bedenkt euch recht! — — Da begann einer leis zu lachen, und dann wieder einer, bis zuletzt nichts in der Stube war als lauter Lachen. Nun, so ruft ihn, sagte Ole Hensen; ihr wollt doch nicht den Deichgrafen von der Tür stossen! Ich glaub', sie lachen noch; aber Ole Peters' Stimme war nicht mehr zu hören!' schloss der Bursche seinen Bericht.

Fast in demselben Augenblicke wurde drinnen im Hause die Stubentür aufgerissen, und: ‚Hauke! Hauke Haien!' rief es laut und fröhlich in die kalte Nacht hinaus.

Da trabte Hauke in das Haus und hörte nicht mehr, wer denn der Deichgraf sei; was in seinem Kopfe brütete, hat indessen niemand wohl erfahren.

— — Als er nach einer Weile sich dem Hause seiner Herrschaft nahte, sah er Elke drunten am Heck der Auffahrt stehen; das Mondlicht schimmerte über die unermessliche, weiss bereifte Weidefläche. ‚Stehst du hier, Elke?' frug er.

Sie nickte nur: ‚Was ist geworden?' sagte sie; ‚hat er's gewagt?'

— ‚Was sollt' er nicht!'

‚Nun, und?'

— ‚Ja, Elke; ich darf es morgen doch versuchen!'

‚Gute Nacht, Hauke!' Und sie lief flüchtig die Werfte hinan und verschwand im Hause.

Langsam folgte er ihr.

* * *

Auf der weiten Weidefläche, die sich zu Osten an der Landseite des Deiches entlang zog, sah man am Nachmittag darauf eine dunkle Menschenmasse bald unbeweglich stille stehen, bald, nachdem zweimal eine

hölzerne Kugel aus derselben über den durch die Tages-
sonne jetzt von Reif befreiten Boden hingeflogen war,
abwärts von den hinter ihr liegenden langen und
niedrigen Häusern allmählich weiter rücken, die Parteien
der Eisbossler in der Mitte, umgeben von alt und jung,
was mit ihnen, sei es in jenen Häusern oder in denen
droben auf der Geest Wohnung oder Verbleib hatte; die
die älteren Männer in langen Röcken, bedächtig aus
kurzen Pfeifen rauchend, die Weiber in Tüchern und
Jacken, auch wohl Kinder an den Händen ziehend oder
auf den Armen tragend. Aus den gefrorenen Gräben,
welche allmählich überschritten wurden, funkelte durch
die scharfen Schilfspitzen der bleiche Schein der Nach-
mittagssonne. Es fror mächtig, aber das Spiel ging unablässig vorwärts, und aller Augen verfolgten immer
wieder die fliegende Kugel, denn an ihr hing heute für das
ganze Dorf die Ehre des Tages. Der Kretler der
Parteien trug hier einen weissen, bei den Geestleuten
einen schwarzen Stab mit eiserner Spitze; wo die Kugel
ihren Lauf geendet hatte, wurde dieser, je nachdem,
unter schweigender Anerkennung oder dem Hohn-
gelächter der Gegenpartei in den gefrorenen Boden
eingeschlagen, und wessen Kugel zuerst das Ziel er-
reichte, der hatte für seine Partei das Spiel gewonnen.

Gesprochen wurde von all den Menschen wenig; nur
wenn ein Kapitalwurf* geschah, hörte man wohl einen
Ruf der jungen Männer oder Weiber; oder von den Alten
einer nahm seine Pfeife aus dem Mund und klopfte damit
unter ein paar guten Worten den Werfer auf die Schulter:
,Das war ein Wurf, sagte Zacharies und warf sein Weib
aus der Luke!' oder: ,So warf dein Vater auch; Gott
tröst' ihn in der Ewigkeit!' oder was sie sonst für Gutes
sagten.

Bei seinem ersten Wurfe war das Glück nicht mit
Hauke gewesen; als er eben den Arm hinten ausschwang,
um die Kugel fortzuschleudern, war eine Wolke von der
Sonne fortgezogen, die sie vorhin bedeckt hatte, und diese
traf mit ihrem vollen Strahl in seine Augen; der Wurf
wurde zu kurz, die Kugel fiel auf einen Graben und blieb
im Bummeis* stecken.

,Gilt nicht! Gilt nicht! Hauke, noch einmal', riefen seine Partner.

Aber der Kretler der Geestleute sprang dagegen auf: ,Muss wohl gelten; geworfen ist geworfen!'*

,Ole! Ole Peters!' schrie die Marschjugend.   ,Wo ist Ole?   Wo, zum Teufel, steckt er?'

Aber er war schon da: ,Schreit nur nicht so! Soll Hauke wo geflickt werden!   Ich dacht's mir schon.'

— ,Ei was! Hauke muss noch einmal werfen; nun zeig', dass du das Maul am rechten Fleck hast!'

,Das hab' ich schon!' rief Ole und trat dem Geestkretler gegenüber und redete einen Haufen Gallimathias* aufeinander.   Aber die Spitzen und Schärfen, die sonst aus seinen Worten blitzten, waren diesmal nicht dabei. Ihm zur Seite stand das Mädchen mit den Rätselbrauen und sah scharf aus zornigen Augen auf ihn hin; aber reden durfte sie nicht, denn die Frauen hatten keine Stimme in dem Spiel.

,Du leierst Unsinn,' rief der andere Kretler, ,weil dir der Sinn nicht dienen kann! Sonne, Mond und Sterne sind für uns alle gleich und allezeit am Himmel; der Wurf war ungeschickt, und alle ungeschickten Würfe gelten!'

So redeten sie noch eine Weile gegeneinander; aber das Ende war, dass nach Bescheid des Obmanns Hauke seinen Wurf nicht wiederholen durfte.

,Vorwärts!' riefen die Geestleute, und ihr Kretler zog den schwarzen Stab aus dem Boden, und der Werfer trat auf seinen Nummerruf dort an und schleuderte die Kugel vorwärts.   Als der Grossknecht des Deichgrafen dem Wurfe zusehen wollte, hatte er an Elke Volkerts vorbei müssen: ,Wem zuliebe liessest du heut' deinen Verstand zu Hause?' raunte sie ihm zu.

Da sah er sie fast grimmig an, und aller Spass war aus seinem breiten Gesichte verschwunden.   ,Dir zulieb!' sagte er, ,denn du hast deinen auch vergessen!'

,Geh nur; ich kenne dich, Ole Peters!' erwiderte das Mädchen, sich hoch aufrichtend; er aber kehrte den Kopf ab und tat, als habe er das nicht gehört.

Und das Spiel und der schwarze und der weisse Stab

gingen weiter. Als Hauke wieder am Wurf war, flog seine Kugel schon so weit, dass das Ziel, die grosse, weiss gekalkte Tonne, klar in Sicht kam. Er war jetzt ein fester junger Kerl, und Mathematik und Wurfkunst hatte er täglich während seiner Knabenzeit getrieben. ,Oho, Hauke!' rief es aus dem Haufen, ,das war ja, als habe der Erzengel Michael selbst geworfen!' Eine alte Frau mit Kuchen und Branntwein drängte sich durch den Haufen zu ihm; sie schenkte ein Glas voll und bot es ihm: ,Komm,' sagte sie, ,wir wollen uns vertragen; das heut' ist besser, als da du mir die Katze totschlugst!' Als er sie ansah, erkannte er, dass es Trin' Jans war. ,Ich dank' dir, Alte,' sagte er, ,aber ich trink' das nicht.' Er griff in seine Tasche und drückte ihr ein frischgeprägtes Markstück in die Hand: ,Nimm das und trink' selber das Glas aus, Trin'; so haben wir uns vertragen!'

,Hast recht, Hauke!' erwiderte die Alte, indem sie seiner Anweisung folgte; ,hast recht; das ist auch besser für ein altes Weib wie ich!'

,Wie geht's mit deinen Enten?' rief er ihr noch nach, als sie sich schon mit ihrem Korbe fortmachte; aber sie schüttelte nur den Kopf, ohne sich umzuwenden, und patschte mit ihren alten Händen in die Luft. ,Nichts, nichts, Hauke; da sind zu viele Ratten in euren Gräben; Gott tröst' mich; man muss sich anders nähren!' Und somit drängte sie sich in den Menschenhaufen und bot wieder ihren Schnaps und ihre Honigkuchen an.

Die Sonne war endlich schon hinter den Deich hinabgesunken; statt ihrer glimmte ein rotvioletter Schimmer empor; mitunter flogen schwarze Krähen vorüber und waren auf Augenblicke wie vergoldet, es wurde Abend. Auf den Fennen aber rückte der dunkle Menschentrupp noch immer weiter von den schwarzen, schon fern liegenden Häusern nach der Tonne zu; ein besonders tüchtiger Wurf musste sie jetzt erreichen können. Die Marschleute waren an der Reihe; Hauke sollte werfen.

Die kreidige Tonne zeichnete sich weiss in dem breiten Abendschatten, der jetzt von dem Deiche über die Fläche fiel. ,Die werdet ihr uns diesmal wohl noch lassen!' rief einer von den Geestleuten, denn es ging scharf her; sie waren um mindestens ein halb Stieg Fuss im Vorteil.*

Die hagere Gestalt des Genannten trat eben aus der Menge; die grauen Augen sahen aus dem langen Friesengesicht vorwärts nach der Tonne; in der herabhängenden Hand lag die Kugel.

‚Der Vogel ist dir wohl zu gross,‘ hörte er in diesem Augenblicke Ole Peters’ Knarrstimme dicht vor seinen Ohren; ‚sollen wir ihn um einen grauen Topf vertauschen?‘

Hauke wandte sich und blickte ihn mit festen Augen an: ‚Ich werfe für die Marsch!‘ sagte er. ‚Wohin gehörst denn du?‘

‚Ich denke, auch dahin; du wirfst doch wohl für Elke Volkerts!‘

‚Beiseit!‘ schrie Hauke und stellte sich wieder in Positur. Aber Ole drängte mit dem Kopf noch näher auf ihn zu. Da plötzlich, bevor noch Hauke selber etwas dagegen unternehmen konnte, packte den Zudringlichen eine Hand und riss ihn rückwärts, dass der Bursche gegen seine lachenden Kameraden taumelte. Es war keine grosse Hand gewesen, die das getan hatte; denn als Hauke flüchtig den Kopf wandte, sah er neben sich Elke Volkerts ihren Ärmel zurecht zupfen, und die dunklen Brauen standen ihr wie zornig in dem heissen Antlitz.

Da flog es wie eine Stahlkraft in Haukes Arm; er neigte sich ein wenig, er wiegte die Kugel ein paarmal in der Hand; dann holte er aus*, und eine Totenstille war auf beiden Seiten; alle Augen folgten der fliegenden Kugel, man hörte ihr Sausen, wie sie die Luft durchschnitt; plötzlich, schon weit vom Wurfplatz, verdeckten sie die Flügel einer Silbermöwe, die, ihren Schrei ausstossend, vom Deich herüberkam; zugleich aber hörte man es in der Ferne an die Tonne klatschen. ‚Hurra für Hauke!‘ riefen die Marschleute, und lärmend ging es durch die Menge: ‚Hauke! Hauke Haien hat das Spiel gewonnen!‘ Der aber, da ihn alle dicht umdrängten, hatte seitwärts nur nach einer Hand gegriffen; auch da sie wieder riefen: ‚Was stehst du, Hauke? Die

36

Kugel liegt ja in der Tonne!' nickte er nur und ging nicht von der Stelle; erst als er fühlte, dass sich die kleine Hand fest an die seine schloss, sagte er: ,Ihr mögt schon recht haben; ich glaube auch, ich hab' gewonnen!'

Dann strömte der ganze Trupp zurück, und Elke und Hauke wurden getrennt und von der Menge auf den Weg zum Kruge fortgerissen, der an des Deichgrafen Werfte nach der Geest hinaufbog. Hier aber entschlüpften beide dem Gedränge, und während Elke auf ihre Kammer ging, stand Hauke hinten vor der Stalltür auf der Werfte und sah, wie der dunkle Menschentrupp allmählich nach dort hinaufwanderte, wo im Kirchspielskrug ein Raum für die Tanzenden bereit stand. Das Dunkel breitete sich allmählich über die weite Gegend; es wurde immer stiller um ihn her, nur hinter ihm im Stalle regte sich das Vieh; oben von der Geest her glaubte er schon das Pfeifen der Klarinetten aus dem Kruge zu vernehmen. Da hörte er um die Ecke des Hauses das Rauschen eines Kleides, und kleine, feste Schritte gingen den Fusssteig hinab, der durch die Fennen nach der Geest hinaufführte. Nun sah er auch im Dämmer die Gestalt dahinschreiten und sah, dass es Elke war; sie ging auch zum Tanze nach dem Krug. Das Blut schoss ihm in den Hals hinauf; sollte er ihr nicht nachlaufen und mit ihr gehen? Aber Hauke war kein Held den Frauen gegenüber; mit dieser Frage sich beschäftigend, blieb er stehen, bis sie im Dunkel seinem Blick entschwunden war.

Dann, als die Gefahr, sie einzuholen, vorüber war, ging auch er denselben Weg, bis er droben den Krug bei der Kirche erreicht hatte und das Schwatzen und Schreien der vor dem Hause und auf dem Flur sich Drängenden und das Schrillen der Geigen und Klarinetten betäubend ihn umrauschte. Unbeachtet drückte er sich in den ,Gildesaal'; er war nicht gross und so voll, dass man kaum einen Schritt weit vor sich hinsehen konnte. Schweigend stellte er sich an den Türpfosten und blickte in das unruhige Gewimmel; die Menschen kamen ihm wie Narren vor; er hatte auch nicht zu sorgen, dass jemand noch an den Kampf des Nachmittages dachte, und wer vor einer Stunde erst das Spiel gewonnen hatte; jeder sah nur auf seine Dirne und drehte sich mit ihr im Kreis herum. Seine Augen suchten nur die eine, und endlich — dort! Sie tanzte mit ihrem Vetter, dem jungen Deichgevollmächtigten; aber schon sah er sie nicht mehr, nur andere Dirnen aus Marsch und Geest, die ihn nicht kümmerten. Dann schnappten Violinen und Klarinetten plötzlich ab, und der Tanz war zu Ende; aber gleich begann auch schon ein anderer. Hauke flog es durch den Kopf, ob denn Elke ihm auch Wort halten, ob sie nicht mit Ole Peters ihm vorbeitanzen werde. Fast hätte er einen Schrei bei dem Gedanken ausgestossen; dann — — ja, was wollte er dann? Aber sie schien bei diesem Tanze gar nicht mitzuhalten, und endlich ging auch der zu Ende und ein anderer, ein Zweitritt, der eben erst hier in die Mode gekommen war, folgte. Wie rasend setzte die Musik ein, die jungen Kerle stürzten zu den Dirnen, die Lichter an den Wänden flirrten. Hauke reckte sich fast den Hals aus, um die Tanzenden zu erkennen; und dort, im dritten Paare, das war Ole Peters; aber wer war die Tänzerin? Ein breiter Marschbursche stand vor ihr und deckte ihr Gesicht! Doch der Tanz raste weiter, und Ole mit seiner Partnerin drehte sich heraus. ‚Vollina! Vollina Harders!' rief Hauke fast laut und seufzte dann gleich wieder erleichtert auf. Aber wo blieb Elke? Hatte sie keinen Tänzer, oder hatte sie alle ausgeschlagen, weil sie nicht mit Ole hatte tanzen wollen? — Und die Musik setzte wieder ab, und ein neuer Tanz begann; aber wieder sah er Elke nicht! Doch dort kam Ole, noch immer die dicke Vollina in den Armen! ‚Nun, nun,' sagte Hauke, ‚da wird Jess Harders mit seinen fünfundzwanzig Demat auch wohl bald aufs Altenteil* müssen! — Aber wo ist Elke?'

Er verliess seinen Türpfosten und drängte sich weiter in den Saal hinein; da stand er plötzlich vor ihr, die mit einer älteren Freundin in einer Ecke sass. ‚Hauke!' rief sie, mit ihrem schmalen Antlitz zu ihm aufblickend, ‚bist du hier? Ich sah dich doch nicht tanzen!'

‚Ich tanzte auch nicht', erwiderte er.

— ‚Weshalb nicht, Hauke?‘ und sich halb erhebend, setzte sie hinzu: ‚Willst du mit mir tanzen? Ich hab’ es Ole Peters nicht gegönnt; der kommt nicht wieder!‘

Aber Hauke machte keine Anstalt: ‚Ich danke, Elke,‘ sagte er; ‚ich verstehe das nicht gut genug; sie könnten über dich lachen, und dann . . .‘ er stockte plötzlich und sah sie nur aus seinen grauen Augen herzlich an, als ob er’s ihnen überlassen müsse, das übrige zu sagen.

‚Was meinst du, Hauke?‘ frug sie leise.

— ‚Ich mein’, Elke, es kann ja doch der Tag nicht schöner für mich ausgehen, als er’s schon getan hat.‘

‚Ja,‘ sagte sie, ‚du hast das Spiel gewonnen.‘

‚Elke!‘ mahnte er kaum hörbar.

Da schlug ihr eine heisse Lohe in das Angesicht: ‚Geh!‘ sagte sie, ‚was willst du?‘ und schlug die Augen nieder.

Als aber die Freundin jetzt von einem Burschen zum Tanze fortgezogen wurde, sagte Hauke lauter: ‚Ich dachte, Elke, ich hätt’ was Besseres gewonnen!‘

Noch ein paar Augenblicke suchten ihre Augen auf dem Boden; dann hob sie sie langsam, und ein Blick, mit der stillen Kraft ihres Wesens, traf in die seinen, der ihn wie Sommerluft durchströmte. ‚Tu, wie dir ums Herz ist, Hauke!‘ sprach sie; ‚wir sollten uns wohl kennen!‘

Elke tanzte an diesem Abend nicht mehr, und als beide dann nach Hause gingen, hatten sie sich Hand in Hand gefasst; aus der Himmelshöhe funkelten die Sterne über der schweigenden Marsch; ein leichter Ostwind wehte und brachte strenge Kälte; die beiden aber gingen ohne viel Tücher und Umhang dahin, als sei es plötzlich Frühling worden.

*   *   *

Hauke hatte sich auf ein Ding besonnen, dessen passende Verwendung zwar in ungewisser Zukunft lag, mit dem er sich aber eine stille Feier zu bereiten gedachte. Deshalb ging er am nächsten Sonntag in die Stadt zum alten Goldschmied Andersen und bestellte einen starken Goldring. ‚Streckt den Finger her, damit wir messen!' sagte der Alte und fasste ihm nach dem Goldfinger. ,Nun,' meinte er, ,der ist nicht gar so dick, wie sie bei euch Leuten sonst zu sein pflegen!' Aber Hauke sagte: ,Messet lieber am kleinen Finger!' und hielt ihm den entgegen.

Der Goldschmied sah ihn etwas verdutzt an; aber was kümmerten ihn die Einfälle der jungen Bauernburschen. ,Da werden wir schon so einen unter den Mädchenringen haben!' sagte er, und Hauke schoss das Blut durch beide Wangen. Aber der kleine Goldring passte auf seinen kleinen Finger, und er nahm ihn hastig und bezahlte ihn mit blankem Silber; dann steckte er ihn unter lautem Herzklopfen, und als ob er einen feierlichen Akt begehe, in die Westentasche. Dort trug er ihn seitdem an jedem Tage mit Unruhe und doch mit Stolz, als sei die Westentasche nur dazu da, um einen Ring darin zu tragen.

Er trug ihn so über Jahr und Tag; ja der Ring musste sogar aus dieser noch in eine neue Westentasche wandern; die Gelegenheit zu seiner Befreiung hatte sich noch immer nicht ergeben wollen. Wohl war's ihm durch den Kopf geflogen, nun geradeswegs vor seinen Wirt hinzutreten; sein Vater war ja doch auch ein Eingesessener! Aber wenn er ruhiger wurde, dann wusste er wohl, der alte Deichgraf würde seinen Kleinknecht ausgelacht haben. Und so lebten er und des Deichgrafen Tochter nebeneinander hin; auch sie in mädchenhaftem Schweigen, und beide doch, als ob sie allzeit Hand in Hand gingen.

Ein Jahr nach jenem Winterfesttag hatte Ole Peters seinen Dienst gekündigt und mit Vollina Harders Hochzeit gemacht; Hauke hatte recht gehabt: der Alte war auf Altenteil gegangen, und statt der dicken Tochter ritt nun der muntere Schwiegersohn die gelbe Stute in die Fenne und, wie es hiess, rückwärts allzeit gegen den Deich hinan. Hauke war Grossknecht geworden und ein jüngerer an seine Stelle getreten; wohl hatte der Deichgraf ihn erst nicht wollen aufrücken lassen; ,Kleinknecht ist besser!' hatte er gebrummt; ich brauch' ihn hier bei meinen Büchern!' Aber Elke hatte ihm vorgehalten: ‚Dann geht auch Hauke, Vater!‘ Da war dem Alten bange geworden, und Hauke war zum Grossknecht aufgerückt, hatte aber trotz dessen nach wie vor auch an der Deichgrafschaft* mitgeholfen.

Nach einem anderen Jahr aber begann er gegen Elke davon zu reden, sein Vater werde kümmerlich, und ein paar Tage, die der Wirt ihn im Sommer in dessen Wirtschaft lasse, täten's nun nicht mehr; der Alte quäle sich, er dürfe das nicht länger ansehen. — Es war ein Sommerabend; die beiden standen im Dämmerschein unter der grossen Esche vor der Haustür. Das Mädchen sah eine Weile stumm in die Zweige des Baumes hinauf; dann entgegnete sie: ‚Ich hab's nicht sagen wollen, Hauke; ich dachte, du würdest selber wohl das Rechte treffen.‘

‚Ich muss dann fort aus eurem Hause‘, sagte er, ‚und kann nicht wiederkommen.‘

Sie schwiegen eine Weile und sahen in das Abendrot, das drüben hinterm Deiche in das Meer versank. ‚Du musst es wissen,‘ sagte sie; ‚ich war heut' morgen noch bei deinem Vater und fand ihn in seinem Lehnstuhl eingeschlafen; die Reissfeder in der Hand, das Reissbrett mit einer halben Zeichnung lag vor ihm auf dem Tisch; — und da er erwacht war und mühsam ein Viertelstündchen mit mir geplaudert hatte und ich nun gehen wollte, da hielt er mich so angstvoll an der Hand zurück, als fürchte er, es sei zum letztenmal; aber . . .‘

‚Was aber, Elke?‘ frug Hauke, da sie fortzufahren zögerte.

Ein paar Tränen rannen über die Wangen des Mädchens. ‚Ich dachte nur an meinen Vater,‘ sagte sie; ‚glaub' mir, es wird ihm schwer ankommen,* dich zu missen.‘ Und als ob sie zu dem Worte sich ermannen müsse, fügte sie hinzu: ‚Mir ist es oft, als ob auch er auf seine Totenkammer rüste.‘

Hauke antwortete nicht; ihm war es plötzlich, als rühre sich der Ring in seiner Tasche; aber noch bevor er seinen Unmut über diese unwillkürliche Lebensregung unterdrückt hatte, fuhr Elke fort: ‚Nein, zürn' nicht, Hauke! Ich trau', du wirst auch so uns nicht verlassen!‘

Da ergriff er eifrig ihre Hand, und sie entzog sie ihm nicht. Noch eine Weile standen die jungen Menschen in dem sinkenden Dunkel beieinander, bis ihre Hände auseinanderglitten und jedes seine Wege ging. — Ein Windstoss fuhr empor und rauschte durch die Eschenblätter und machte die Läden klappern, die an der Vorderseite des Hauses waren; allmählich aber kam die Nacht, und Stille lag über der ungeheuren Ebene.

*   *   *

Durch Elkes Zutun war Hauke von dem alten Deichgrafen seines Dienstes entlassen worden, obgleich er ihm rechtzeitig nicht gekündigt hatte, und zwei neue Knechte waren jetzt im Hause. — Noch ein paar Monate weiter, dann starb Tede Haien; aber bevor er starb, rief er den Sohn an seine Lagerstatt: ‚Setz’ dich zu mir, mein Kind,‘ sagte der Alte mit matter Stimme, ‚dicht zu mir! Du brauchst dich nicht zu fürchten; wer bei mir ist, das ist nur der dunkle Engel des Herrn, der mich zu rufen kommt.‘

Und der erschütterte Sohn setzte sich dicht an das dunkle Wandbett: ‚Sprecht, Vater, was Ihr noch zu sagen habt!‘

‚Ja, mein Sohn, noch etwas,‘ sagte der Alte und streckte seine Hände über das Deckbett. ‚Als du, noch ein halber Junge, zu dem Deichgrafen in Dienst gingst, da lag’s in deinem Kopf, das selbst einmal zu werden. Das hatte mich angesteckt, und ich dachte auch allmählich, du seiest der rechte Mann dazu. Aber dein Erbe war für solch ein Amt zu klein — ich habe während deiner Dienstzeit knapp gelebt — ich dacht’ es zu vermehren.‘

Hauke fasste heftig seines Vaters Hände, und der Alte suchte sich aufzurichten, dass er ihn sehen könne. ‚Ja, ja, mein Sohn,‘ sagte er, ‚dort in der obersten Schublade der Schatulle liegt das Dokument. Du weisst, die alte Antje Wohlers hat eine Fenne von fünf und einem halben Demat; aber sie konnte mit dem Mietgelde allein in ihrem krüppelhaften Alter nicht mehr durchfinden; da habe ich allzeit um Martini eine bestimmte Summe, und

42

auch mehr, wenn ich es hatte, dem armen Mensch gegeben; und dafür hat sie die Fenne mir übertragen; es ist alles gerichtlich fertig. — — Nun liegt auch sie am Tode; die Krankheit unserer Marschen, der Krebs, hat sie befallen; du wirst nicht mehr zu zahlen brauchen!'

Eine Weile schloss er die Augen; dann sagte er noch: ‚Es ist nicht viel; doch hast du mehr dann, als du bei mir gewohnt warst. Mög' es dir zu deinem Erdenleben dienen!'

Unter den Dankesworten des Sohnes schlief der Alte ein. Er hatte nichts mehr zu besorgen, und schon nach einigen Tagen hatte der dunkle Engel des Herrn ihm seine Augen für immer zugedrückt, und Hauke trat sein väterliches Erbe an.

— — Am Tage nach dem Begräbnis kam Elke in dessen Haus. ‚Dank, dass du einguckst, Elke!' rief Hauke ihr als Gruss entgegen.

Aber sie erwiderte: ‚Ich guck' nicht ein; ich will bei dir ein wenig Ordnung schaffen, damit du ordentlich in deinem Hause wohnen kannst! Dein Vater hat vor seinen Zahlen und Rissen nicht viel um sich gesehen, und auch der Tod schafft Wirrsal; ich will's dir wieder ein wenig lebig machen!'

Er sah aus seinen grauen Augen voll Vertrauen auf sie hin: ‚So schaff' nur Ordnung!' sagte er; ‚ich hab's auch lieber.'

Und dann begann sie aufzuräumen: das Reissbrett, das noch dalag, wurde abgestäubt und auf den Boden getragen, Reissfedern und Bleistift und Kreide sorgfältig in einer Schatullenschublade weggeschlossen; dann wurde die junge Dienstmagd zur Hilfe hereingerufen und mit ihr das Geräte der ganzen Stube in eine andere und bessere Stellung gebracht, so dass es anschien, als sei dieselbe nun heller und grösser geworden. Lächelnd sagte Elke: ‚Das können nur wir Frauen!' und Hauke, trotz seiner Trauer um den Vater, hatte mit glücklichen Augen zugesehen, auch wohl selber, wo es nötig war, geholfen.

Und als gegen die Dämmerung — es war zu Anfang des September — alles war, wie sie es für ihn wollte, fasste sie seine Hand und nickte ihm mit ihren dunklen Augen zu: ‚Nun komm und iss bei uns zu Abend; denn meinem Vater hab’ ich’s versprechen müssen, dich mitzubringen; wenn du dann heimgehst, kannst du ruhig in dein Haus treten!‘

Als sie dann in die geräumige Wohnstube des Deichgrafen traten, wo bei verschlossenen Läden schon die beiden Lichter auf dem Tische brannten, wollte dieser aus seinem Lehnstuhl in die Höhe, aber mit seinem schweren Körper zurücksinkend, rief er nur seinem früheren Knecht entgegen: ‚Recht, recht, Hauke, dass du deine alten Freunde aufsuchst! Komm nur näher, immer näher!‘ Und als Hauke an seinen Stuhl getreten war, fasste er dessen Hand mit seinen beiden runden Händen: ‚Nun, nun, mein Junge,‘ sagte er, ‚sei nur ruhig jetzt, denn sterben müssen wir alle, und dein Vater war keiner von den Schlechtsten! — Aber, Elke, nun sorg’, dass du den Braten auf den Tisch kriegst; wir müssen uns stärken! Es gibt viel Arbeit für uns, Hauke! Die Herbstschau ist in Anmarsch;* Deich- und Sielrechnungen haushoch; der neuliche Deichschaden am Westerkoog — ich weiss nicht, wo mir der Kopf steht, aber deiner, gottlob, ist um ein gut Stück jünger; du bist ein braver Junge, Hauke!‘

Und nach dieser langen Rede, womit der Alte sein ganzes Herz dargelegt hatte, liess er sich in seinen Stuhl zurückfallen und blinzelte sehnsüchtig nach der Tür, durch welche Elke eben mit der Bratenschüssel hereintrat. Hauke stand lächelnd neben ihm. ‚Nun setz dich,‘ sagte der Deichgraf, ‚damit wir nicht unnötig Zeit verspillen;* kalt schmeckt das nicht!‘

Und Hauke setzte sich; es schien ihm Selbstverstand, die Arbeit von Elkes Vater mitzutun. Und als die Herbstschau dann gekommen war und ein paar Monde mehr ins Jahr gingen, da hatte er freilich auch den besten Teil daran getan.“

*   *   *

Der Erzähler hielt inne und blickte um sich. Ein Möwenschrei war gegen das Fenster geschlagen, und drausssen vom Hausflur aus wurde ein Trampeln hörbar, als ob einer den Klei von seinen schweren Stiefeln abtrete.

Deichgraf und Gevollmächtigte wandten die Köpfe gegen die Stubentür. „Was ist?" rief der erstere.

Ein starker Mann, den Südwester auf dem Kopf, war eingetreten. „Herr," sagte er, „wir beide haben es gesehen, Hans Nickels und ich: der Schimmelreiter hat sich in den Bruch gestürzt!"

„Wo saht Ihr das?" frug der Deichgraf.

— „Es ist ja nur die eine Wehle; in Jansens Fenne, wo der Hauke-Haien-Koog beginnt."

„Saht Ihr's nur einmal?"

— „Nur einmal; es war auch nur wie Schatten, aber es braucht drum nicht das erstemal gewesen zu sein."

Der Deichgraf war aufgestanden. „Sie wollen entschuldigen," sagte er, sich zu mir wendend, „wir müssen draussen nachsehen, wo das Unheil hin will!" Dann ging er mit dem Boten zur Tür hinaus; aber auch die übrige Gesellschaft brach auf und folgte ihm.

Ich blieb mit dem Schullehrer allein in dem grossen, öden Zimmer; durch die unverhangenen Fenster, welche nun nicht mehr durch die Rücken der davorsitzenden Gäste verdeckt wurden, sah man frei hinaus, und wie der Sturm die dunklen Wolken über den Himmel jagte.

Der Alte sass noch auf seinem Platze, ein überlegenes, fast mitleidiges Lächeln auf seinen Lippen. „Es ist hier zu leer geworden," sagte er; „darf ich Sie zu mir auf mein Zimmer laden? Ich wohne hier im Hause, und glauben Sie mir, ich kenne die Wetter hier am Deich; für uns ist nichts zu fürchten."

Ich nahm das dankend an, denn auch mich wollte hier zu frösteln anfangen, und wir stiegen unter Mitnahme eines Lichtes die Stiegen zu einer Giebelstube hinauf, die zwar gleichfalls gegen Westen hinaus lag, deren Fenster aber jetzt mit dunklen Wollteppichen verhangen waren. In einem Bücherregal sah ich eine kleine Bibliothek, daneben die Porträte zweier alten Professoren; vor einem Tische stand ein grosser Ohrenlehnstuhl. „Machen Sie sich's bequem!" sagte mein freundlicher Wirt und warf einige Torf in den noch glimmenden kleinen Ofen, der oben von einem Blechkessel gekrönt war. „Nur noch ein Weilchen! Er wird bald sausen; dann brau' ich uns ein Gläschen Grog, das hält Sie munter!"

„Dessen bedarf es nicht," sagte ich; „ich werd' nicht schläfrig, wenn ich Ihren Hauke auf seinem Lebensweg begleite!"

— „Meinen Sie?" und er nickte mit seinen klugen Augen zu mir herüber, nachdem ich behaglich in seinem Lehnstuhl untergebracht war. „Nun, wo blieben wir denn? — — Ja, ja; ich weiss schon! Also:

„Hauke hatte sein väterliches Erbe angetreten, und da die alte Antje Wohlers auch ihrem Leiden erlegen war, so hatte deren Fenne es vermehrt. Aber seit dem Tode oder, richtiger, seit den letzten Worten seines Vaters war in ihm etwas aufgewachsen, dessen Keim er schon seit seiner Knabenzeit in sich getragen hatte; er wiederholte es sich mehr als zu oft, er sei der rechte Mann, wenn's einen neuen Deichgrafen geben müsse. Das war es; sein Vater, der es verstehen musste, der ja der klügste Mann im Dorf gewesen war, hatte ihm dieses Wort wie eine letzte Gabe seinem Erbe beigelegt; die Wohlerssche Fenne, die er ihm auch verdankte, sollte den ersten Trittstein zu dieser Höhe bilden! Denn, freilich, auch mit dieser — ein Deichgraf musste noch einen anderen Grundbesitz aufweisen können! — — Aber sein Vater hatte sich einsame Jahre knapp beholfen, und mit dem, was er sich entzogen hatte, war er des neuen Besitzes Herr geworden; das konnte er auch, er konnte noch mehr; denn seines Vaters Kraft war schon verbraucht gewesen, er aber konnte noch jahrelang die schwerste Arbeit tun! — — Freilich, wenn er es dadurch nach dieser Seite hin erzwang, durch die Schärfen und Spitzen, die er der Verwaltung seines alten Dienstherrn zugesetzt hatte, war ihm eben keine Freundschaft im Dorf zuwege gebracht worden, und Ole Peters, sein alter Widersacher, hatte jüngsthin eine Erbschaft getan und begann ein wohlhabender Mann zu werden! Eine Reihe von Gesichtern ging vor seinem inneren Blick vorüber, und sie sahen ihn alle mit bösen Augen an; da fasste ihn ein Groll gegen diese Menschen; er streckte die Arme aus, als griffe er nach ihnen, denn sie wollten ihn vom Amte drängen, zu dem von allen nur er berufen war. — Und die Gedanken liessen ihn nicht; sie waren immer wieder da, und so wuchsen in seinem jungen Herzen neben der Ehrenhaftigkeit und Liebe auch die Ehrsucht und der Hass. Aber diese beiden verschloss er tief in seinem Inneren; selbst Elke ahnte nichts davon.

— Als das neue Jahr gekommen war, gab es eine Hochzeit; die Braut war eine Verwandte von den Haiens, und Hauke und Elke waren beide dort geladene Gäste; ja, bei dem Hochzeitsessen traf es sich* durch das Ausbleiben eines näheren Verwandten, dass sie ihre Plätze nebeneinander fanden. Nur ein Lächeln, das über beider Antlitz glitt, verriet ihre Freude darüber. Aber Elke sass heute teilnahmlos in dem Geräusche des Plauderns und Gläserklirrens.

‚Fehlt dir etwas?' frug Hauke.

— ‚Oh, eigentlich nichts; es sind mir nur zu viele Menschen hier.'

‚Aber du siehst so traurig aus!'

Sie schüttelte den Kopf; dann sprachen sie wieder nicht.

Da stieg es über ihr Schweigen wie Eifersucht in ihm auf, und heimlich unter dem überhängenden Tischtuch ergriff er ihre Hand; aber sie zuckte nicht, sie schloss sich wie vertrauensvoll um seine. Hatte ein Gefühl der Verlassenheit sie befallen, da ihre Augen täglich auf der hinfälligen Gestalt des Vaters haften mussten? — Hauke dachte nicht daran, sich so zu fragen; aber ihm stand der Atem still, als er jetzt seinen Goldring aus der Tasche zog. ‚Lässt du ihn sitzen?' frug er zitternd, während er den Ring auf den Goldfinger der schmalen Hand schob.

Gegenüber am Tische sass die Frau Pastorin; sie legte plötzlich ihre Gabel hin und wandte sich zu ihrem Nachbar: ‚Mein Gott, das Mädchen!' rief sie; ‚sie wird ja totenblass!'

Aber das Blut kehrte schon zurück in Elkes Antlitz. ‚Kannst du warten, Hauke?' frug sie leise.

47

Der kluge Friese besann sich doch noch ein paar Augenblicke. ,Auf was?' sagte er dann.

— ,Du weisst das wohl; ich brauch' dir's nicht zu sagen.'

,Du hast recht,' sagte er; ,ja, Elke, ich kann warten — wenn's nur ein menschlich Absehen hat!'

,O Gott, ich fürchte, ein nahes! Sprich nicht so, Hauke; du sprichst von meines Vaters Tod!' Sie legte die andere Hand auf ihre Brust: ,Bis dahin', sagte sie, ,trag' ich den Goldring hier; du sollst nicht fürchten, dass du bei meiner Lebzeit ihn zurückbekommst!'

Da lächelten sie beide, und ihre Hände pressten sich ineinander, dass bei anderer Gelegenheit das Mädchen wohl laut aufgeschrien hätte.

Die Frau Pastorin hatte indessen unablässig nach Elkes Augen hingesehen, die jetzt unter dem Spitzenstrich des goldbrokatenen Käppchens wie in dunklem Feuer brannten. Bei dem zunehmenden Getöse am Tische aber hatte sie nichts verstanden; auch an ihren Nachbar wandte sie sich nicht wieder, denn keimende Ehen — und um eine solche schien es ihr sich denn doch hier zu handeln — schon um des daneben keimenden Traupfennigs* für ihren Mann, den Pastor, pflegte sie nicht zu stören.

*   *   *

Elkes Vorahnung war in Erfüllung gegangen; eines Morgens nach Ostern hatte man den Deichgrafen Tede Volkerts tot in seinem Bett gefunden; man sah's an seinem Antlitz, ein ruhiges Ende war darauf geschrieben. Er hatte auch mehrfach in den letzten Monden Lebensüberdruss geäussert; sein Leibgericht, der Ofenbraten, selbst seine Enten hatten ihm nicht mehr schmecken wollen.

Und nun gab es eine grosse Leiche im Dorf. Droben auf der Geest auf dem Begräbnisplatz um die Kirche war zu Westen eine mit Schmiedegitter umhegte Grabstätte; ein breiter, blauer Grabstein stand jetzt aufgehoben gegen eine Traueresche, auf welchem das Bild des Todes mit stark gezahnten Kiefern ausgehauen war; darunter in grossen Buchstaben:

48

Dat is de Dot, de allens fritt,
Nimmt Kunst un Wetenschop di mit;
De kloke Mann is nu vergan,
Gott gäw em selik Uperstan.*

Es war die Begräbnisstätte des früheren Deichgrafen
Volkert Tedsen; nun war eine frische Grube gegraben,
wohinein dessen Sohn, der jetzt verstorbene Deichgraf
Tede Volkerts, begraben werden sollte. Und schon kam
unten aus der Marsch der Leichenzug heran, eine Menge
Wagen aus allen Kirchspielsdörfern; auf dem vordersten
stand der schwere Sarg, die beiden blanken Rappen des
deichgräflichen Stalles zogen ihn schon den sandigen
Anberg* zur Geest hinauf; Schweife und Mähnen wehten
in dem scharfen Frühjahrswind. Der Gottesacker um
die Kirche war bis an die Wälle mit Menschen angefüllt;
selbst auf dem gemauerten Tore hockten Buben mit
kleinen Kindern in den Armen; sie wollten alle das
Begraben ansehen.

Im Hause drunten in der Marsch hatte Elke in Pesel
und Wohngelass* das Leichenmahl gerüstet; alter Wein
wurde bei den Gedecken hingestellt; an den Platz des
Oberdeichgrafen — denn auch er war heut' nicht ausgeblieben — und an den des Pastors je eine Flasche
Langkork. Als alles besorgt war, ging sie durch den
Stall vor die Hoftür; sie traf niemanden auf ihrem Wege;
die Knechte waren mit zwei Gespannen in der Leichen-
fuhr. Hier blieb sie stehen und sah, während ihre
Trauerkleider im Frühlingswinde flatterten, wie drüben
an dem Dorfe jetzt die letzten Wagen zur Kirche hinauf-
fuhren. Nach einer Weile entstand dort ein Gewühl,
dem eine Totenstille zu folgen schien. Elke faltete die
Hände; sie senkten wohl den Sarg jetzt in die Grube:
‚Und zur Erde wieder sollst du werden!‘ Unwillkürlich, leise, als hätte sie von dort es hören können, sprach
sie die Worte nach; dann füllten ihre Augen sich mit
Tränen, ihre über der Brust gefalteten Hände sanken in
den Schoss. ‚Vater unser, der du bist im Himmel!‘
betete sie voll Inbrunst. Und als das Gebet des Herrn
zu Ende war, stand sie noch lange unbeweglich, sie, die
jetzige Herrin dieses grossen Marschhofes, und Gedanken

des Todes und des Lebens begannen sich in ihr zu streiten.

Ein fernes Rollen weckte sie. Als sie die Augen offnete, sah sie schon wieder einen Wagen um den anderen in rascher Fahrt von der Marsch herab und gegen ihren Hof herankommen. Sie richtete sich auf, blickte noch einmal scharf hinaus und ging dann, wie sie gekommen war, durch den Stall in die feierlich hergestellten Wohnräume zurück. Auch hier war niemand; nur durch die Mauer hörte sie das Rumoren der Mägde in der Küche. Die Festtafel stand so still und einsam; der Spiegel zwischen den Fenstern war mit weissen Tüchern zugesteckt und ebenso die Messingknöpfe* an dem Beilegerofen; es blinkte nichts mehr in der Stube. Elke sah die Türen vor dem Wandbett, in dem ihr Vater seinen letzten Schlaf getan hatte, offen stehen und ging hinzu und schob sie fest zusammen; wie gedankenlos las sie den Sinnspruch, der zwischen Rosen und Nelken mit goldenen Buchstaben darauf geschrieben stand;

> Hest du din Dagwark richtig dan,
> Da kommt de Slap von sülvst heran.*

Das war noch von dem Grossvater! — Einen Blick warf sie auf den Wandschrank; er war fast leer, aber durch die Glastüren sah sie noch den geschliffenen Pokal darin, der ihrem Vater, wie er gern erzählt hatte, einst bei einem Ringreiten* in seiner Jugend als Preis zuteil geworden war. Sie nahm ihn heraus und setzte ihn zu dem Gedeck des Oberdeichgrafen. Dann ging sie ans Fenster, denn schon hörte sie die Wagen an der Werfte heraufrollen; einer um den anderen hielt vor dem Hause, und munterer, als sie gekommen waren, sprangen jetzt die Gäste von ihren Sitzen auf den Boden. Händereibend und plaudernd drängte sich alles in die Stube; nicht lange, so setzte man sich an die festliche Tafel, auf der die wohlbereiteten Speisen dampften, im Pesel der Oberdeichgraf mit dem Pastor; und Lärm und lautes Schwatzen lief den Tisch entlang, als ob hier nimmer der Tod seine furchtbare Stille ausgebreitet hätte. Stumm, das Auge auf ihre Gäste, ging Elke mit den Mägden an den Tischen herum, dass an dem Leichenmahle nichts versehen werde. Auch Hauke Haien sass im Wohnzimmer neben Ole Peters und anderen kleineren Besitzern.

Nachdem das Mahl beendet war, wurden die weissen Tonpfeifen aus der Ecke geholt und angebrannt, und Elke war wiederum geschäftig, die gefüllten Kaffeetassen den Gästen anzubieten; denn auch der wurde heute nicht gespart. Im Wohnzimmer an dem Pulte des eben Begrabenen stand der Oberdeichgraf im Gespräche mit dem Pastor und dem weisshaarigen Deichgevollmächtigten Jewe Manners. ‚Alles gut, ihr Herren,‘ sagte der erste, ‚den alten Deichgrafen haben wir mit Ehren beigesetzt; aber woher nehmen wir den neuen? Ich denke, Manners, Ihr werdet Euch dieser Würde unterziehen müssen!‘

Der alte Manners hob lächelnd das schwarze Sammetkäppchen von seinen weissen Haaren. ‚Herr Oberdeichgraf,‘ sagte er, ‚das Spiel würde zu kurz werden; als der verstorbene Tede Volkerts Deichgraf, da wurde ich Gevollmächtigter und bin es nun schon vierzig Jahre.‘

‚Das ist kein Mangel, Manners; so kennt Ihr die Geschäfte um so besser und werdet nicht Not mit ihnen haben!‘

Aber der Alte schüttelte den Kopf. ‚Nein, nein, Euer Gnaden, lasset mich, wo ich bin, so laufe ich wohl noch ein paar Jahre mit!‘

Der Pastor stand ihm bei. ‚Weshalb‘, sagte er, ‚nicht den ins Amt nehmen, der es tatsächlich in den letzten Jahren doch geführt* hat?‘

Der Oberdeichgraf sah ihn an: ‚Ich verstehe nicht, Herr Pastor!‘

Aber der Pastor wies mit dem Finger in den Pesel, wo Hauke in langsam ernster Weise zwei älteren Leuten etwas zu erklären schien. ‚Dort steht er,‘ sagte er ‚die lange Friesengestalt mit den klugen, grauen Augen neben der hageren Nase und den zwei Schädelwölbungen darüber. Er war des Alten Knecht und sitzt jetzt auf seiner eigenen kleinen Stelle; er ist zwar etwas jung!'

‚Er scheint ein Dreissiger', sagte der Oberdeichgraf, den ihm so Vorgestellten musternd.

‚Er ist kaum vierundzwanzig,' bemerkte der Gevollmächtigte Manners; ‚aber der Pastor hat recht: was in den letzten Jahren Gutes für Deiche und Siele und dergleichen vom Deichgrafenamt in Vorschlag kam, das war von ihm; mit dem Alten war's doch zuletzt nichts mehr.'

‚So, so?' machte der Oberdeichgraf; ‚und Ihr meinet, er wäre nun auch der Mann, um in das Amt seines alten Herrn einzurücken?'

‚Der Mann wäre er schon,' entgegnete Jewe Manners; ‚aber ihm fehlt das, was man hier Klei unter den Füssen nennt; sein Vater hatte so um fünfzehn, er mag gut zwanzig Demat haben; aber damit ist bis jetzt hier niemand Deichgraf geworden.'

Der Pastor tat schon den Mund auf, als wolle er etwas einwenden, da trat Elke Volkerts, die eine Weile schon im Zimmer gewesen, plötzlich zu ihnen: ‚Wollen Euer Gnaden mir ein Wort erlauben?' sprach sie zu dem Oberbeamten; ‚es ist nur, damit aus einem Irrtum nicht ein Unrecht werde!'

‚So sprecht, Jungfer Elke!' entgegnete dieser; ‚Weisheit von hübschen Mädchenlippen hört sich allzeit gut!'

— ‚Es ist nicht Weisheit, Euer Gnaden; ich will nur die Wahrheit sagen.'

‚Auch die muss man ja hören können, Jungfer Elke!'

Das Mädchen liess ihre dunklen Augen noch einmal zur Seite gehen, als ob sie wegen überflüssiger Ohren sich versichern wolle. ‚Euer Gnaden,' begann sie dann, und ihre Brust hob sich in stärkerer Bewegung, ‚mein Pate, Jewe Manners, sagte Ihnen, dass Hauke Haien nur etwa zwanzig Demat im Besitz habe; das ist im Augenblick auch richtig, aber sobald es sein muss, wird Hauke noch um so viel mehr sein eigen nennen, als dieser, meines Vaters, jetzt mein Hof an Dematzahl beträgt; für einen Deichgrafen wird das zusammen denn wohl reichen.'

Der alte Manners reckte den weissen Kopf gegen sie,

als müsse er erst sehen, wer denn eigentlich da rede. ‚Was ist das?' sagte er; ‚Kind, was sprichst du da?'

Aber Elke zog an einem schwarzen Bändchen einen blinkenden Goldring aus ihrem Mieder: ‚Ich bin verlobt, Pate Manners,' sagte sie; ‚hier ist der Ring, und Hauke Haien ist mein Bräutigam.'

— ‚Und wann — ich darf's wohl fragen, da ich dich aus der Taufe hob, Elke Volkerts — wann ist denn das passiert?'

— ‚Das war schon vor geraumer Zeit; doch war ich mündig, Pate Manners,' sagte sie; ‚mein Vater war schon hinfällig worden, und da ich ihn kannte, so wollt' ich ihn nicht mehr damit beunruhigen; itzt,* da er bei Gott ist, wird er einsehen, dass sein Kind bei diesem Manne wohl geborgen* ist. Ich hätte es auch das Trauerjahr hindurch schon ausgeschwiegen; jetzt aber, um Haukes und um des Kooges willen, hab' ich reden müssen.' Und zum Oberdeichgrafen gewandt, setzte sie hinzu: ‚Euer Gnaden wollen mir das verzeihen!'

Die drei Männer sahen sich an; der Pastor lachte, der alte Gevollmächtigte liess es bei einem ‚Hmm, hmm!' bewenden, während der Oberdeichgraf wie vor einer wichtigen Entscheidung sich die Stirn rieb. ‚Ja, liebe Jungfer,' sagte er endlich, ‚aber wie steht es denn hier im Kooge mit den ehelichen Güterrechten? Ich muss gestehen, ich bin augenblicklich nicht recht kapitelfest* in diesem Wirrsal!'

‚Das brauchen Euer Gnaden auch nicht,' entgegnete des Deichgrafen Tochter, ‚ich werde vor der Hochzeit meinem Bräutigam die Güter übertragen. Ich habe auch meinen kleinen Stolz,' setzte sie lächelnd hinzu; ‚ich will den reichsten Mann im Dorfe heiraten!'

‚Nun, Manners,' meinte der Pastor, ‚ich denke, Sie werden auch als Pate nichts dagegen haben, wenn ich den jungen Deichgrafen mit des alten Tochter zusammengebe!'

Der Alte schüttelte leis den Kopf: ‚Unser Herrgott gebe seinen Segen!' sagte er andächtig.

Der Oberdeichgraf aber reichte dem Mädchen seine Hand: ‚Wahr und weise habt Ihr gesprochen, Elke

Volkerts; ich danke Euch für so kräftige Erläuterungen und hoffe auch in Zukunft, und bei freundlicheren Gelegenheiten als heute, der Gast Eures Hauses zu sein; aber — dass ein Deichgraf von solch junger Jungfer gemacht wurde, das ist das Wunderbare an der Sache!'

‚Euer Gnaden,‘ erwiderte Elke und sah den gütigen Oberbeamten noch einmal mit ihren ernsten Augen an, ‚einem rechten Manne wird auch die Frau wohl helfen dürfen!‘ Dann ging sie in den anstossenden Pesel und legte schweigend ihre Hand in Hauke Haiens.

*   *   *

Es war um mehrere Jahre später. In dem kleinen Hause Tede Haiens wohnte jetzt ein rüstiger Arbeiter mit Frau und Kind; der junge Deichgraf Hauke Haien sass mit seinem Weibe Elke Volkerts auf deren väterlicher Hofstelle. Im Sommer rauschte die gewaltige Esche nach wie vor am Hause; aber auf der Bank, die jetzt darunter stand, sah man abends meist nur die junge Frau, einsam mit einer häuslichen Arbeit in den Händen; noch immer fehlte ein Kind in dieser Ehe; der Mann aber hatte anderes zu tun, als Feierabend vor der Tür zu halten,* denn trotz seiner früheren Mithilfe lagen aus des Alten Amtsführung eine Menge unerledigter Dinge, an die auch er derzeit zu rühren nicht für gut gefunden hatte; jetzt aber musste allmählich alles aus dem Wege; er fegte mit einem scharfen Besen. Dazu kam die Bewirtschaftung der durch seinen eigenen Landbesitz vergrösserten Stelle, bei der er gleichwohl den Kleinknecht noch zu sparen suchte; so sahen sich die beiden Eheleute ausser am Sonntag, wo Kirchgang gehalten wurde, meist nur bei dem von Hauke eilig besorgten Mittagessen und beim Auf- und Niedergang des Tages; es war ein Leben fortgesetzter Arbeit, doch gleichwohl ein zufriedenes.

Dann kam ein störendes Wort in Umlauf. — Als von den jüngeren Besitzern der Marsch- und Geestgemeinde eines Sonntags nach der Kirche ein etwas unruhiger Trupp im Kruge droben am Trunke festgeblieben war, redeten sie beim vierten und fünften Glase zwar nicht über König und Regierung — so hoch wurde damals noch nicht gegriffen —, wohl aber über Kommunal- und Oberbeamte, vor allem über Gemeindeabgaben und -lasten, und je länger sie redeten, desto weniger fand davon Gnade vor ihren Augen, insonders nicht die neuen Deichlasten. Alle Siele und Schleusen, die sonst immer gehalten hätten, seien jetzt reparaturbedürftig; am Deiche fänden sich immer neue Stellen, die Hunderte von Karren Erde nötig hätten; der Teufel möchte die Geschichte holen!

‚Das kommt von eurem klugen Deichgrafen,‘ rief einer von den Geestleuten, ‚der immer grübeln geht und seine Finger dann in alles steckt!‘

‚Ja, Marten,‘ sagte Ole Peters, der dem Sprecher gegenübersass; ‚recht hast du, er ist hinterspinnig* und sucht beim Oberdeichgraf sich ’nen weissen Fuss zu machen;* aber wir haben ihn nun einmal!‘

‚Warum habt ihr ihn euch aufhucken* lassen?‘ sagte der andere; ‚nun müsst ihr’s bar bezahlen.‘

Ole Peters lachte. ‚Ja, Marten Fedders, das ist nun so bei uns, und davon ist nichts abzukratzen: der alte wurde Deichgraf von seines Vaters, der neue von seines Weibes wegen.‘ Das Gelächter, das jetzt um den Tisch lief, zeigte, welchen Beifall das geprägte Wort* gefunden hatte.

Aber es war an öffentlicher Wirtstafel gesprochen worden, es blieb nicht da, es lief bald um im Geest- und unten in dem Marschdorf; so kam es auch an Hauke. Und wieder ging vor seinem inneren Auge die Reihe übelwollender Gesichter vorüber, und noch höhnischer, als es gewesen war, hörte er das Gelächter an dem Wirtshaustische. ‚Hunde!‘ schrie er, und seine Augen sahen grimmig zur Seite, als wolle er sie peitschen lassen.

Da legte Elke ihre Hand auf seinen Arm; ‚Lass sie; die wären alle gern, was du bist!‘

— ‚Das ist es eben!‘ entgegnete er grollend.

‚Und‘, fuhr sie fort, ‚hat denn Ole Peters sich nicht selber eingefreit?‘

‚Das hat er, Elke; aber was er mit Vollina freite, das reicht nicht zum Deichgrafen!‘

55

— ‚Sag lieber: er reichte nicht dazu!‘ und Elke
drehte ihren Mann, so dass er sich im Spiegel sehen
musste, denn sie standen zwischen den Fenstern in
ihrem Zimmer. ‚Da steht der Deichgraf!‘ sagte sie;
‚nun sieh ihn an; nur wer ein Amt regieren kann, der
hat es!‘

‚Du hast nicht unrecht,‘ entgegnete er sinnend, ‚und
doch . . . Nun, Elke; ich muss zur Osterschleuse; die
Türen schliessen wieder nicht!‘

Sie drückte ihm die Hand: ‚Komm, sieh mich erst
einmal an! Was hast du, deine Augen sehen so ins
Weite?‘

‚Nichts, Elke; du hast ja recht.‘

Er ging; aber nicht lange war er gegangen, so war die
Schleusenreparatur vergessen. Ein anderer Gedanke,
den er halb nur ausgedacht und seit Jahren mit sich um-
hergetragen hatte, der aber vor den drängenden
Amtsgeschäften ganz zurückgetreten war, bemächtigte
sich seiner jetzt aufs neue und mächtiger als je zuvor, als
seien plötzlich die Flügel ihm gewachsen.

Kaum dass er es selber wusste, befand er sich oben
auf dem Hafdeich, schon eine weite Strecke südwärts
nach der Stadt zu; das Dorf, das nach dieser Seite
hinauslag, war ihm zur Linken längst verschwunden;
noch immer schritt er weiter, seine Augen unablässig
nach der Seeseite auf das breite Vorland* gerichtet;
wäre jemand neben ihm gegangen, er hätte es sehen
müssen, welch eindringliche Geistesarbeit hinter diesen
Augen vorging. Endlich blieb er stehen: das Vorland
schwand hier zu einem schmalen Streifen an dem Deich
zusammen. ‚Es muss gehen!‘ sprach er bei sich selbst.
‚Sieben Jahr im Amt; sie sollen nicht mehr sagen, dass
ich nur Deichgraf bin von meines Weibes wegen!‘

Noch immer stand er, und seine Blicke schweiften
scharf und bedächtig nach allen Seiten über das grüne
Vorland; dann ging er zurück, bis wo auch hier ein
schmaler Streifen grünen Weidelands die vor ihm liegende breite Landfläche ablöste. Hart an dem Deiche
aber schoss ein starker Meeresstrom durch diese, der fast
das ganze Vorland von dem Festlande trennte und zu

56

einer Hallig machte; eine rohe Holzbrücke führte nach dort hinüber, damit man mit Vieh und Heu- und Getreidewagen hinüber und wieder zurück gelangen könne. Jetzt war es Ebbzeit, und die goldene Septembersonne glitzerte auf dem etwa hundert Schritte breiten Schlickstreifen und auf dem tiefen Priel* in seiner Mitte, durch den auch jetzt das Meer noch seine Wasser trieb. ‚Das lässt sich dämmen!‘ sprach Hauke bei sich selber, nachdem er diesem Spiele eine Zeitlang zugesehen; dann blickte er auf, und von dem Deiche, auf dem er stand, über den Priel hinweg zog er in Gedanken eine Linie längs dem Rande des abgetrennten Landes, nach Süden herum und ostwärts wiederum zurück über die dortige Fortsetzung des Prieles und an den Deich heran. Die Linie aber, welche er unsichtbar gezogen hatte, war ein neuer Deich, neu auch in der Konstruktion seines Profils, welches bis jetzt nur noch in seinem Kopf vorhanden war.

‚Das gäbe einen Koog von zirka tausend Demat,‘ sprach er lächelnd zu sich selber; ‚nicht gross just, aber . . .‘

Eine andere Kalkulation überkam ihn: das Vorland gehörte hier der Gemeinde, ihren einzelnen Mitgliedern eine Zahl von Anteilen, je nach der Grösse ihres Besitzes im Gemeindebezirk oder nach sonst zu Recht bestehender* Erwerbung; er begann zusammenzuzählen, wieviel Anteile er von seinem, wieviele er von Elkes Vater überkommen, und was an solchen er während seiner Ehe schon selbst gekauft hatte, teils in dem dunklen Gefühle eines künftigen Vorteils, teils bei Vermehrung seiner Schafzucht. Es war schon eine ansehnliche Menge; denn auch von Ole Peters hatte er dessen sämtliche Teile angekauft, da es diesem zum Verdruss geschlagen war, als bei einer teilweisen Überströmung ihm sein bester Schafbock ertrunken war. Aber das war ein seltsamer Unfall gewesen, denn soweit Haukes Gedächtnis reichte, waren selbst bei hohen Fluten dort nur die Ränder überströmt worden. Welch treffliches Weide- und Kornland musste es geben und von welchem Werte, wenn das alles von seinem neuen

Deich umgeben war! Wie ein Rausch stieg es ihm ins Gehirn; aber er presste die Nägel in seine Handflächen und zwang seine Augen, klar und nüchtern zu sehen, was dort vor ihm lag: eine grosse, deichlose Fläche, wer wusste es, welchen Stürmen und Fluten schon in den nächsten Jahren preisgegeben, an deren äusserstem Rande jetzt ein Trupp von schmutzigen Schafen langsam grasend entlang wanderte; dazu für ihn ein Haufen Arbeit, Kampf und Ärger! Trotz alledem, als er vom Deich hinab und den Fusssteig über die Fennen auf seine Werfte zuging, ihm war's, als brächte er einen grossen Schatz mit sich nach Hause.

Auf dem Flur trat Elke ihm entgegen: ,Wie war es mit der Schleuse?' frug sie.

Er sah mit geheimnisvollem Lächeln auf sie nieder: ,Wir werden bald eine andere Schleuse brauchen', sagte er, ,und Sielen und einen neuen Deich!'

,Ich versteh' dich nicht,' entgegnete Elke, während sie in das Zimmer gingen, ,was willst du, Hauke?'

,Ich will,' sagte er langsam und hielt dann einen Augenblick inne, ,ich will, dass das grosse Vorland, das unserer Hofstatt* gegenüber beginnt und dann nach Westen ausgeht, zu einem festen Kooge eingedeicht werde. Die hohen Fluten haben fast ein Menschenalter uns in Ruh' gelassen; wenn aber eine von den schlimmen wiederkommt und den Anwachs stört, so kann mit einemmal die ganze Herrlichkeit zu Ende sein; nur der alte Schlendrian hat das bis heut' so lassen können!'

Sie sah ihn voll Erstaunen an: ,So schiltst du dich ja selber!' sagte sie.

— ,Das tu' ich, Elke; aber es war bisher auch so viel anderes zu beschaffen!'

,Ja, Hauke; gewiss, du hast genug getan!'

Er hatte sich in den Lehnstuhl des alten Deichgrafen gesetzt, und seine Hände griffen fest um beide Lehnen.

,Hast du denn guten Mut dazu?' frug ihn sein Weib.

— ,Das hab' ich, Elke!' sprach er hastig.

,Sei nicht zu hastig, Hauke; das ist ein Werk auf Tod und Leben, und fast alle werden dir entgegen sein, man wird dir deine Müh' und Sorg' nicht danken!'

Er nickte. ‚Ich weiss!' sagte er.

‚Und wenn es nun nicht gelänge?' rief sie wieder; ‚von Kindesbeinen an hab' ich gehört, der Priel sei nicht zu stopfen, und darum dürfe nicht daran gerührt werden.'

‚Das war ein Vorwand für die Faulen!' sagte Hauke; weshalb denn sollte man den Priel nicht stopfen können?'

— ‚Das hört' ich nicht; vielleicht, weil er gerade durchgeht; die Spülung* ist zu stark.' — Eine Erinnerung überkam sie, und ein fast schelmisches Lächeln brach aus ihren ernsten Augen: ‚Als ich Kind war,' sprach sie, ‚hörte ich einmal die Knechte darüber reden; sie meinten, wenn ein Damm dort halten solle, müsse was Lebigs da hineingeworfen und mit verdämmt* werden; bei einem Deichbau auf der anderen Seite, vor wohl hundert Jahren, sei ein Zigeunerkind verdämmt worden, das sie um schweres Geld der Mutter abgehandelt hätten; jetzt aber würde wohl keine ihr Kind verkaufen!'

Hauke schüttelte den Kopf: ‚Da ist es gut, dass wir keins haben; sie würden es sonst noch schier von uns verlangen!'

‚Sie sollten's nicht bekommen!' sagte Elke und schlug wie in Angst die Arme über ihren Leib.

Und Hauke lächelte; doch sie frug noch einmal: ‚Und die ungeheuren Kosten? Hast du das bedacht?'

— ‚Das hab' ich, Elke; was wir dort herausbringen, wird sie bei weitem überholen; auch die Erhaltungskosten des alten Deiches gehen für ein gut Stück in dem neuen unter; wir arbeiten ja selbst und haben über achtzig Gespanne in der Gemeinde, und an jungen Fäusten ist hier auch kein Mangel. Du sollst mich wenigstens nicht umsonst zum Deichgrafen gemacht haben, Elke; ich will ihnen zeigen, dass ich einer bin!'

Sie hatte sich vor ihm niedergehockt und ihn sorgvoll angeblickt; nun erhob sie sich mit einem Seufzer: ‚Ich muss weiter zu meinem Tagewerk,' sagte sie, und ihre Hand strich langsam über seine Wange; ‚tu' du das deine, Hauke!'

‚Amen, Elke!' sprach er mit ernstem Lächeln; ‚Arbeit ist für uns beide da!'

— — Und es war Arbeit genug für beide, die schwerste Last aber fiel jetzt auf des Mannes Schulter. An Sonntagnachmittagen, oft auch nach Feierabend, sass Hauke mit einem tüchtigen Feldmesser zusammen, vertieft in Rechenaufgaben, Zeichnungen und Risse; war er allein, dann ging es ebenso und endete oft weit nach Mitternacht. Dann schlich er in die gemeinsame Schlafkammer — denn die dumpfen Wandbetten im Wohngemach wurden in Haukes Wirtschaft nicht mehr gebraucht —, und sein Weib, damit er endlich nur zur Ruhe komme, lag wie schlafend mit geschlossenen Augen, obgleich sie mit klopfendem Herzen nur auf ihn gewartet hatte; dann küsste er mitunter ihre Stirn und sprach ein leises Liebeswort dabei und legte sich selbst zum Schlafe, der ihm oft nur beim ersten Hahnenkrähen zu Willen war. Im Wintersturm lief er auf den Deich hinaus, mit Bleistift und Papier in der Hand, und stand und zeichnete und notierte, während ein Windstoss ihm die Mütze vom Kopfe riss und das lange, fahle Haar ihm um sein heisses Antlitz flog; bald fuhr er, solange nur das Eis ihm nicht den Weg versperrte, mit einem Knecht zu Boot ins Wattenmeer hinaus und mass dort mit Lot und Stange die Tiefen der Ströme, über die er noch nicht sicher war. Elke zitterte oft genug für ihn; aber war er wieder da, so hätte er das nur aus ihrem festen Händedruck oder dem leuchtenden Blitz aus ihren sonst so stillen Augen merken können. ,Geduld, Elke,' sagte er, da ihm einmal war, als ob sein Weib ihn nicht lassen könne; ,ich muss erst selbst im reinen sein,* bevor ich meinen Antrag stelle!' Da nickte sie und liess ihn gehen. Der Ritte in die Stadt zum Oberdeichgrafen wurden auch nicht wenige,* und allem diesen und den Mühen in Haus- und Landwirtschaft folgten immer wieder die Arbeiten in die Nacht hinein. Sein Verkehr mit anderen Menschen ausser in Arbeit und Geschäft verschwand fast ganz; selbst der mit seinem Weibe wurde immer weniger. ,Es sind schlimme Zeiten, und sie werden noch lange dauern,' sprach Elke bei sich selber und ging an ihre Arbeit.

Endlich, Sonne und Frühlingswinde hatten schon

überall das Eis gebrochen, war auch die letzte Vorarbeit getan; die Eingabe an den Oberdeichgrafen zu Befürwortung an höherem Orte — enthaltend den Vorschlag einer Bedeichung des erwähnten Vorlandes zur Förderung des öffentlichen Besten, insonders des Kooges, wie nicht weniger der Herrschaftlichen Kasse, da höchstderselben in kurzen Jahren die Abgaben von etwa tausend Demat daraus erwachsen würden — war sauber abgeschrieben und nebst anliegenden Rissen und Zeichnungen aller Lokalitäten jetzt und künftig, der Schleusen und Siele, und was noch sonst dazu gehörte, in ein festes Konvolut* gepackt und mit dem deichgräflichen Amtssiegel versehen worden.

,Da ist es, Elke,' sagte der junge Deichgraf, ,nun gib ihm deinen Segen!'

Elke legte ihre Hand in seine: ,Wir wollen fest zusammenhalten,' sagte sie.

— ,Das wollen wir.'

*   *   *

Dann wurde die Eingabe durch einen reitenden Boten in die Stadt gesandt.

,,Sie wollen bemerken, lieber Herr,'' unterbrach der Schulmeister seine Erzählung, mich freundlich mit seinen feinen Augen fixierend, ,,dass ich das bisher Berichtete während meiner fast vierzigjährigen Wirksamkeit in diesem Kooge aus den Überlieferungen verständiger Leute oder aus Erzählungen der Enkel und Urenkel solcher zusammengefunden habe; was ich, damit Sie dieses mit dem endlichen Verlauf in Einklang zu bringen vermögen, Ihnen jetzt vorzutragen habe, das war derzeit und ist auch jetzt noch das Geschwätz des ganzen Marschdorfes, sobald nur um Allerheiligen die Spinnräder an zu schnurren fangen.*

Von der Hofstelle des Deichgrafen, etwa fünf- bis sechshundert Schritte weiter nordwärts, sah man derzeit, wenn man auf dem Deiche stand, ein paar tausend Schritt ins Wattenmeer hinaus und etwas weiter von dem gegenüberliegenden Marschufer entfernt eine kleine Hallig, die sie ,Jeverssand', auch ,Jevershallig' nannten.

Von den derzeitigen Grossvätern war sie noch zur Schafweide benutzt worden, denn Gras war damals noch darauf gewachsen; aber auch das hatte aufgehört, weil die niedrige Hallig ein paarmal, und just im Hochsommer, unter Seewasser gekommen und der Graswuchs dadurch verkümmert und auch zur Schafweide unnutzbar geworden war. So kam es denn, dass ausser von Möwen und den anderen Vögeln, die am Strande fliegen, und etwa einmal von einem Fischadler, dort kein Besuch mehr stattfand, und an mondhellen Abenden sah man vom Deiche aus nur die Nebeldünste leichter oder schwerer darüber hinziehen. Ein paar weissgebleichte Knochengerüste ertrunkener Schafe und das Gerippe eines Pferdes, von dem freilich niemand begriff, wie es dort hingekommen sei, wollte man, wenn der Mond von Osten auf die Hallig schien, dort auch erkennen können.

Es war zu Ende März, als an dieser Stelle nach Feierabend der Tagelöhner aus dem Tede Haienschen Hause und Iven Johns, der Knecht des jungen Deichgrafen, nebeneinander standen und unbeweglich nach der im trüben Monduft kaum erkennbaren Hallig hinüberstarrten; etwas Auffälliges schien sie dort so festzuhalten. Der Tagelöhner steckte die Hände in die Tasche und schüttelte sich: ‚Komm, Iven,‘ sagte er, ‚das ist nichts Gutes; lass uns nach Haus gehen!‘

Der andere lachte, wenn auch ein Grauen bei ihm hindurchklang: ‚Ei was, es ist eine lebige Kreatur, eine grosse! Wer, zum Teufel, hat sie nach dem Schlickstück hinaufgejagt! Sieh nur, nun reckt’s den Hals zu uns hinüber! Nein, es senkt den Kopf; es frisst! Ich dächt,‘ es wär’ dort nichts zu fressen! Was es nur sein mag?‘

‚Was geht das uns an!‘ entgegnete der andere. ‚Gute Nacht, Iven, wenn du nicht mit willst; ich gehe nach Haus!‘

— ‚Ja, ja; du hast ein Weib, du kommst ins warme Bett! Bei mir ist auch in meiner Kammer lauter Märzenluft!‘

‚Gut’ Nacht denn!‘ rief der Tagelöhner zurück,

während er auf dem Deich nach Hause trabte. Der Knecht sah sich ein paarmal nach dem Fortlaufenden um; aber die Begier, Unheimliches zu schauen, hielt ihn noch fest. Da kam eine untersetzte, dunkle Gestalt auf dem Deich vom Dorfe her gegen ihn heran; es war der Dienstjunge des Deichgrafen. ‚Was willst du, Carsten?‘ rief ihm der Knecht entgegen.

‚Ich? — nichts,‘ sagte der Junge; ‚aber unser Wirt will dich sprechen, Iven Johns!‘

Der Knecht hatte die Augen schon wieder nach der Hallig: ‚Gleich; ich komme gleich!‘ sagte er.

— ‚Wonach guckst du denn so?‘ frug der Junge.

Der Knecht hob den Arm und wies stumm nach der Hallig. ‚Oha!‘ flüsterte der Junge; ‚da geht ein Pferd — ein Schimmel — das muss der Teufel reiten — wie kommt ein Pferd nach Jevershallig?‘

— ‚Weiss nicht, Carsten; wenn’s nur ein richtiges Pferd ist!‘

‚Ja, ja, Iven; sieh nur, es frisst ganz wie ein Pferd! Aber wer hat’s dahin gebracht; wir haben im Dorf so grosse Böte* gar nicht! Vielleicht auch ist es nur ein Schaf; Peter Ohm sagt, im Mondschein wird aus zehn Torfringeln* ein ganzes Dorf. Nein, sieh! Nun springt es — es muss doch ein Pferd sein!‘

Beide standen eine Weile schweigend, die Augen nur nach dem gerichtet, was sie drüben undeutlich vor sich gehen sahen. Der Mond stand hoch am Himmel und beschien das weite Wattenmeer, das eben in der steigenden Flut seine Wasser über die glitzernden Schlickflächen zu spülen begann. Nur das leise Geräusch des Wassers, keine Tierstimme war in der ungeheuren Weite hier zu hören; auch in der Marsch, hinter dem Deiche, war es leer; Kühe und Rinder waren alle noch in den Ställen. Nichts regte sich; nur was sie für ein Pferd, einen Schimmel, hielten, schien dort auf Jevershallig noch beweglich. ‚Es wird heller,‘ unterbrach der Knecht die Stille; ‚ich sehe deutlich die weissen Schafgerippe schimmern!‘

‚Ich auch,‘ sagte der Junge und reckte den Hals; dann aber, als komme es ihm plötzlich, zupfte er den

Knecht am Ärmel: ‚Iven,' raunte er, ‚das Pferdgerippe, das sonst dabei lag, wo ist es? Ich kann's nicht sehen!'

‚Ich seh' es auch nicht! Seltsam!' sagte der Knecht.

— ‚Nicht so seltsam, Iven! Mitunter, ich weiss nicht, in welchen Nächten, sollen die Knochen sich erheben und tun, als ob sie lebig wären!'

‚So?' machte der Knecht, ‚das ist ja Altweiberglaube!'

‚Kann sein, Iven,' meinte der Junge.

‚Aber, ich mein', du sollst mich holen; komm, wir müssen nach Haus! Es bleibt hier immer doch dasselbe.'

Der Junge war nicht fortzubringen, bis der Knecht ihn mit Gewalt herumgedreht und auf den Weg gebracht hatte. ‚Hör', Carsten,' sagte dieser, als die gespensterhafte Hallig ihnen schon ein gut Stück im Rücken lag, ‚du giltst ja für einen Allerweltsbengel,* ich glaub', du möchtest das am liebsten selber untersuchen!'

‚Ja,' entgegnete Carsten, nachträglich noch ein wenig schaudernd, ‚ja, das möcht' ich, Iven!'

— ‚Ist das dein Ernst? — dann', sagte der Knecht, nachdem der Junge ihm nachdrücklich darauf die Hand geboten hatte, ‚lösen wir morgen abend unser Boot; du fährst nach Jeverssand; ich bleib' solange ˉauf dem Deiche stehen.'

‚Ja, 'erwiderte der Junge, ‚das geht! Ich nehme meine Peitsche mit!'

‚Tu' das!'

Schweigend kamen sie an das Haus ihrer Herrschaft, zu dem sie langsam die hohe Werft hinanstiegen.

*　　　*　　　*

Um dieselbe Zeit des folgenden Abends sass der Knecht auf dem grossen Steine vor der Stalltür, als der Junge, mit seiner Peitsche knallend, zu ihm kam. ‚Das pfeift ja wunderlich!' sagte jener.

‚Freilich, nimm dich in acht,' entgegnete der Junge; ‚ich hab' auch Nägel in die Schnur geflochten.'

‚So komm!' sagte der andere.

Der Mond stand, wie gestern, am Osthimmel und schien klar aus seiner Höhe. Bald waren beide wieder drausseu auf dem Deich und sahen hinüber nach Jevers-hallig, die wie ein Nebelfleck im Wasser stand. ‚Da geht es wieder,‘ sagte der Knecht; ‚nach Mittag war ich hier, da war’s nicht da; aber ich sah deutlich das weisse Pferdgerippe liegen!‘

Der Junge reckte den Hals. ‚Das ist jetzt nicht da, Iven,‘ flüsterte er.

‚Nun, Carsten, wie ist’s?‘ sagte der Knecht. ‚Juckt’s dich noch, hinüberzufahren?‘

Carsten besann sich einen Augenblick; dann klatschte er mit seiner Peitsche in die Luft: ‚Mach nur das Boot los, Iven!‘

Drüben aber war es, als hebe, was dorten ging, den Hals und recke gegen das Festland hin den Kopf. Sie sahen es nicht mehr; sie gingen schon den Deich hinab und bis zu der Stelle, wo das Boot gelegen war. ‚Nun, steig nur ein!‘ sagte der Knecht, nachdem er es losge-bunden hatte. ‚Ich bleib’, bis du zurück bist! Zu Osten musst du anlegen; da hat man immer landen können!‘ Und der Junge nickte schweigend und fuhr mit seiner Peitsche in die Mondnacht hinaus; der Knecht wanderte unterm Deich zurück und bestieg ihn wieder an der Stelle, wo sie vorhin gestanden hatten. Bald sah er, wie drüben bei einer schroffen, dunklen Stelle, an die ein breiter Priel hinanführte, das Boot sich beilegte und eine untersetzte Gestalt daraus ans Land sprang. — War’s nicht, als klatschte der Junge mit seiner Peitsche? Aber es konnte auch das Geräusch der steigenden Flut sein. Mehrere hundert Schritte nordwärts sah er, was sie für einen Schimmel angesehen hatten; und jetzt? — ja, die Gestalt des Jungen kam gerade darauf zuge-gangen. Nun hob es den Kopf, als ob es stutze, und der Junge — es war deutlich jetzt zu hören — klatschte mit der Peitsche. Aber — was fiel ihm ein? Er kehrte um, er ging den Weg zurück, den er gekommen war. Das drüben schien unablässig fortzuweiden, kein Wiehern war von dort zu hören gewesen; wie weisse Wasserstreifen schien es mitunter über die Erscheinung hinzuziehen. Der Knecht sah wie gebannt hinüber.

Da hörte er das Anlegen des Bootes am diesseitigen

Ufer, und bald sah er aus der Dämmerung den Jungen gegen sich am Deich heraufsteigen. ‚Nun, Carsten,‘ frug er, ‚was war es?‘

Der Junge schüttelte den Kopf. ‚Nichts war es!‘ sagte er. ‚Noch kurz vom Boot aus hatte ich es gesehen; dann aber, als ich auf der Hallig war — weiss der Henker, wo sich das Tier verkrochen hatte; der Mond schien doch hell genug; aber als ich an die Stelle kam, war nichts da als die bleichen Knochen von einem halben Dutzend Schafen, und etwas weiter lag auch das Pferdgerippe mit seinem weissen, langen Schädel und liess den Mond in seine leeren Augenhöhlen scheinen!‘

‚Hmm!‘ meinte der Knecht; ‚hast auch recht zugesehen?‘

‚Ja, Iven, ich stand dabei; ein gottvergessener Kiewiet,* der hinter dem Gerippe sich zur Nachtruh hingeduckt hatte, flog schreiend auf, dass ich erschrak und ein paarmal mit der Peitsche hintennach klatschte.‘

‚Und das war alles?‘

‚Ja, Iven; ich weiss nicht mehr.‘

‚Es ist auch genug,‘ sagte der Knecht, zog den Jungen am Arm zu sich heran und wies hinüber nach der Hallig. ‚Dort, siehst du etwas, Carsten?‘

— ‚Wahrhaftig, da geht's ja wieder!‘

‚Wieder?‘ sagte der Knecht; ‚ich hab' die ganze Zeit hinübergeschaut, aber es ist gar nicht fortgewesen; du gingst ja gerade auf das Unwesen los!‘

Der Junge starrte ihn an; ein Entsetzen lag plötzlich auf seinem sonst so kecken Angesicht, das auch dem Knechte nicht entging. ‚Komm!‘ sagte dieser, ‚wir wollen nach Haus; von hier aus geht's wie lebig, und drüben liegen nur die Knochen — das ist mehr, als du und ich begreifen können. Schweig aber still davon, man darf dergleichen nicht verreden!‘

So wandten sie sich, und der Junge trabte neben ihm; sie sprachen nicht, und die Marsch lag in lautlosem Schweigen an ihrer Seite.

— — Nachdem aber der Mond zurückgegangen und die Nächte dunkel geworden waren, geschah ein anderes. Hauke Haien war zur Zeit des Pferdemarktes in die

Stadt geritten, ohne jedoch mit diesem dort zu tun zu haben. Gleichwohl, da er gegen Abend heimkam, brachte er ein zweites Pferd mit sich nach Hause; aber es war rauhhaarig und mager, dass man jede Rippe zählen konnte, und die Augen lagen ihm matt und eingefallen in den Schädelhöhlen. Elke war vor die Haustür getreten, um ihren Eheliebsten zu empfangen. ‚Hilf Himmel!' rief sie, ‚was soll uns der alte Schimmel?' Denn da Hauke mit ihm vor das Haus geritten kam und unter der Esche hielt, hatte sie gesehen, dass die arme Kreatur auch lahme.

Der junge Deichgraf aber sprang lachend von seinem braunen Wallach: ‚Lass nur, Elke; es kostet auch nicht viel!'

Die kluge Frau erwiderte: ‚Du weisst doch, das Wohlfeilste ist auch meist das Teuerste.'

— ‚Aber nicht immer, Elke; das Tier ist höchstens vier Jahr alt; sieh es dir nur genauer an! Es ist verhungert und misshandelt; da soll ihm unser Hafer gut tun; ich werd' es selbst versorgen, damit sie mir's nicht überfüttern.'

Das Tier stand indessen mit gesenktem Kopf; die Mähnen hingen lang am Hals herunter. Frau Elke, während ihr Mann nach den Knechten rief, ging betrachtend um dasselbe herum; aber sie schüttelte den Kopf: ‚So eins ist noch nie in unserem Stall gewesen!'

Als jetzt der Dienstjunge um die Hausecke kam, blieb er plötzlich mit erschrockenen Augen stehen. ‚Nun, Carsten,' rief der Deichgraf, ‚was fährt dir in die Knochen? Gefällt dir mein Schimmel nicht?'

‚Ja — o ja, uns' Weert, warum denn nicht!'

— ‚So bring die Tiere in den Stall; gib ihnen kein Futter; ich komme gleich selber hin!'

Der Junge fasste mit Vorsicht den Halfter des Schimmels und griff dann hastig, wie zum Schutze, nach dem Zügel des ihm ebenfalls vertrauten Wallachs. Hauke aber ging mit seinem Weibe in das Zimmer; ein Warmbier hatte sie für ihn bereit, und Brot und Butter waren auch zur Stelle.

Er war bald gesättigt; dann stand er auf und ging mit

67

seiner Frau im Zimmer auf und ab. ‚Lass dir erzählen, Elke,' sagte er, während der Abendschein auf den Kacheln an den Wänden spielte, ‚wie ich zu dem Tier gekommen bin. Ich war wohl eine Stunde beim Oberdeichgrafen gewesen; er hatte gute Kunde für mich — es wird wohl dies und jenes anders werden als in meinen Rissen; aber die Hauptsache, mein Profil, ist akzeptiert, und schon in den nächsten Tagen kann der Befehl zum neuen Deichbau da sein!'

Elke seufzte unwillkürlich. ‚Also doch?' sagte sie sorgenvoll.

‚Ja, Frau,' entgegnete Hauke; ‚hart wird's hergehen; aber dazu, denk' ich, hat der Herrgott uns zusammengebracht! Unsere Wirtschaft ist jetzt so gut in Ordnung; ein gross Teil kannst du schon auf deine Schultern nehmen; denk nur um zehn Jahr weiter — dann stehen wir vor einem anderen Besitz.'

Sie hatte bei seinen ersten Worten die Hand ihres Mannes versichernd in die ihrigen gepresst; seine letzten Worte konnten sie nicht erfreuen. ‚Für wen soll der Besitz?' sagte sie. ‚Du müsstest denn ein ander Weib nehmen; ich bring' dir keine Kinder.'

Tränen schossen ihr in die Augen; aber er zog sie fest in seine Arme: ‚Das überlassen wir dem Herrgott,' sagte er; ‚jetzt aber und auch dann noch sind wir jung genug, um uns der Früchte unserer Arbeit selbst zu freuen.'

Sie sah ihn lange, während er sie hielt, aus ihren dunklen Augen an. ‚Verzeih, Hauke,' sprach sie; ‚ich bin mitunter ein verzagt Weib!'

Er neigte sich zu ihrem Antlitz und küsste sie. ‚Du bist mein Weib und ich dein Mann, Elke! Und anders wird es nun nicht mehr.'

Da legte sie die Arme fest um seinen Nacken. ‚Du hast recht, Hauke, und was kommt, kommt für uns beide.' Dann löste sie sich errötend von ihm. ‚Du wolltest von dem Schimmel mir erzählen,' sagte sie leise.

‚Das wollt' ich, Elke. Ich sagte dir schon, mir war Kopf und Herz voll Freude über die gute Nachricht, die der Oberdeichgraf mir gegeben hatte; so ritt ich eben

wieder aus der Stadt hinaus, da, auf dem Damm hinter
dem Hafen, begegnet mir ein ruppiger Kerl; ich wusst'
nicht, war's ein Vagabund, ein Kesselflicker oder was
denn sonst. Der Kerl zog den Schimmel am Halfter
hinter sich; das Tier aber hob den Kopf und sah mich
aus blöden Augen an; mir war's, als ob es mich um etwas
bitten wollte; ich war ja auch in diesem Augenblicke
reich genug. He, Landsmann! rief ich, wo wollt Ihr
mit der Kracke* hin?

Der Kerl blieb stehen und der Schimmel auch.
Verkaufen! sagte jener und nickte mir listig zu.

Nur nicht an mich! rief ich lustig.

Ich denke doch! sagte er; das ist ein wacker Pferd und
unter hundert Talern nicht bezahlt.

Ich lachte ihm ins Gesicht.

Nun, sagte er, lacht nicht so hart; Ihr sollt's mir ja
nicht zahlen! Aber ich kann's nicht brauchen, bei mir
verkommt's; es würde bei Euch bald ein ander Ansehen
haben!

Da sprang ich von meinem Wallach und sah dem
Schimmel ins Maul und sah wohl, es war noch ein junges
Tier. Was soll's denn kosten? rief ich, da auch das
Pferd mich wiederum wie bittend ansah.

Herr, nehmt's für dreissig Taler! sagte der Kerl, und
den Halfter geb' ich Euch darein!

Und da, Frau, hab' ich dem Burschen in die darge-
botene braune Hand, die fast wie eine Klaue aussah,
eingeschlagen. So haben wir den Schimmel, und ich
denk' auch, wohlfeil genug! Wunderlich nur war es,
als ich mit den Pferden wegritt, hört ich bald hinter mir
ein Lachen, und als ich den Kopf wandte, sah ich den
Slowaken; der stand noch sperrbeinig, die Arme auf dem
Rücken, und lachte wie ein Teufel hinter mir darein.'

,Pfui,' rief Elke, ,wenn der Schimmel nur nichts von
seinem alten Herrn zubringt! Mög' er dir gedeihen,
Hauke!'

,Er selber soll es wenigstens, soweit ich's leisten kann!'
Und der Deichgraf ging in den Stall, wie er vorhin dem
Jungen es gesagt hatte.

—— Aber nicht allein an jenem Abend fütterte er den

Schimmel, er tat es fortan immer selbst und liess kein
Auge von dem Tiere; er wollte zeigen, dass er einen
Priesterhandel* gemacht habe; jedenfalls sollte nichts
versehen werden. — Und schon nach wenig Wochen
hob sich die Haltung des Tieres; allmählich verschwanden die rauhen Haare; ein blankes, blau geap-
feltes* Fell kam zum Vorschein, und da er es eines Tages
auf der Hofstatt umherführte, schritt es schlank auf
seinen festen Beinen. Hauke dachte des abenteuer-
lichen Verkäufers: ,Der Kerl war ein Narr oder ein
Schuft, der es gestohlen hatte!' murmelte er bei sich
selber. — Bald auch, wenn das Pferd im Stall nur seine
Schritte hörte, warf es den Kopf herum und wieherte
ihm entgegen; nun sah er auch, es hatte, was die Araber
verlangen, ein fleischlos Angesicht; draus blitzten ein
Paar feurige, braune Augen. Dann führte er es aus dem
Stall und legte ihm einen leichten Sattel auf; aber kaum
sass er droben, so fuhr dem Tier ein Wiehern wie ein
Lustschrei aus der Kehle; es flog mit ihm davon, die
Werfte hinab auf den Weg und dann dem Deiche zu;
doch der Reiter sass fest, und als sie oben waren, ging es
ruhiger, leicht, wie tanzend, und warf den Kopf dem
Meere zu. Er klopfte und streichelte ihm den blanken
Hals, aber es bedurfte dieser Liebkosung schon nicht
mehr; das Pferd schien völlig eins mit seinem Reiter,
und nachdem er eine Strecke nordwärts den Deich
hinausgeritten war, wandte er es leicht und gelangte
wieder an die Hofstatt.

Die Knechte standen unten an der Auffahrt und
warteten der Rückkunft ihres Wirtes. ,So, John,' rief
dieser, indem er von seinem Pferde sprang, ,nun reite du
es in die Fenne zu den anderen; es trägt dich wie in
einer Wiege!'

Der Schimmel schüttelte den Kopf und wieherte laut
in die sonnige Marschlandschaft hinaus, während ihm
der Knecht den Sattel abschnallte und der Junge damit
zur Geschirrkammer lief; dann legte er den Kopf auf
seines Herrn Schulter und duldete behaglich dessen
Liebkosung. Als aber der Knecht sich jetzt auf seinen
Rücken schwingen wollte, sprang er mit einem jähen

Satz zur Seite und stand dann wieder unbeweglich, die schönen Augen auf seinen Herrn gerichtet. ‚Hoho, Iven,' rief dieser, ‚hat er dir Leids getan?' und suchte seinem Knecht vom Boden aufzuhelfen.

Der rieb sich eifrig an der Hüfte: ‚Nein, Herr, es geht noch; aber den Schimmel reit' der Teufel!'‘

‚Und ich!' setzte Hauke lachend hinzu. ‚So bring' ihn am Zügel in die Fenne!'

Und als der Knecht etwas beschämt gehorchte, liess sich der Schimmel ruhig von ihm führen.

— — Einige Abende später standen Knecht und Junge miteinander vor der Stalltür; hinterm Deiche war das Abendrot erloschen, innerhalb desselben war schon der Koog von tiefer Dämmerung überwallt; nur selten kam aus der Ferne das Gebrüll eines aufgestörten Rindes oder der Schrei einer Lerche, deren Leben unter dem Überfall eines Wiesels oder einer Wasserratte endete. Der Knecht lehnte gegen den Türpfosten und rauchte aus einer kurzen Pfeife, deren Rauch er schon nicht mehr sehen konnte; gesprochen hatten er und der Junge noch nicht zusammen. Dem letzteren aber drückte etwas auf die Seele, er wusste nur nicht, wie er dem schweigsamen Knechte ankommen sollte.* ‚Du, Iven!' sagte er endlich, ‚weisst du, das Pferdsgeripp auf Jeverssand!'

‚Was ist damit?' frug der Knecht.

‚Ja, Iven, was ist damit? Es ist gar nicht mehr da; weder tages noch bei Mondenschein; wohl zwanzigmal bin ich auf den Deich hinausgelaufen!'

‚Die alten Knochen sind wohl zusammengepoltert?' sagte Iven und rauchte ruhig weiter.

‚Aber ich war auch bei Mondschein draussen; es geht auch drüben nichts auf Jeverssand!'

‚Ja,' sagte der Knecht, ‚sind die Knochen auseinandergefallen, so wird's wohl nicht mehr aufstehen können!'

‚Mach' keinen Spass, Iven! Ich weiss jetzt; ich kann dir sagen, wo es ist!'

Der Knecht drehte sich jäh zu ihm: ‚Nun, wo ist es denn?'

‚Wo?' wiederholte der Junge nachdrücklich. ‚Es

steht in unserem Stall; da steht's, seit es nicht mehr auf der Hallig ist. Es ist auch nicht umsonst, dass der Wirt es allzeit selber füttert; ich weiss Bescheid, Iven!'

Der Knecht paffte eine Weile heftig in die Nacht hinaus. ‚Du bist nicht klug, Carsten,' sagte er dann; ‚unser Schimmel? Wenn je ein Pferd ein lebigs war, so ist es der! Wie kann so ein Allerweltsjunge wie du in solch Altweiberglauben sitzen!'

— — Aber der Junge war nicht zu bekehren. Wenn der Teufel in dem Schimmel steckte, warum sollte er dann nicht lebendig sein? Im Gegenteil, um desto schlimmer! — Er fuhr jedesmal erschreckt zusammen, wenn er gegen Abend den Stall betrat, in dem auch sommers das Tier mitunter eingestellt wurde, und es dann den feurigen Kopf so jäh nach ihm herumwarf. ‚Hol's der Teufel!' brummte er dann, ‚wir bleiben auch nicht lange mehr zusammen!'

So tat er sich denn heimlich nach einem neuen Dienst um,* kündigte und trat um Allerheiligen als Knecht bei Ole Peters ein. Hier fand er andächtige Zuhörer für seine Geschichte von dem Teufelspferd des Deichgrafen; die dicke Frau Vollina und deren geistesstumpfer Vater, der frühere Deichgevollmächtigte Jess Harders, hörten in behaglichem Gruseln zu und erzählten sie später allen, die gegen den Deichgrafen einen Groll im Herzen oder die an derart Dingen ihr Gefallen hatten.

*   *   *

Inzwischen war schon Ende März durch die Oberdeichgrafschaft der Befehl zur neuen Eindeichung eingetroffen. Hauke berief zunächst die Deichgevollmächtigten zusammen, und im Kruge oben bei der Kirche waren eines Tages alle erschienen und hörten zu, wie er ihnen die Hauptpunkte aus den bisher erwachsenen Schriftstücken vorlas: aus seinem Antrage, aus dem Bericht des Oberdeichgrafen, zuletzt den schliesslichen Bescheid, worin vor allem auch die Annahme des von ihm vorgeschlagenen Profils enthalten war und der neue Deich nicht steil wie früher, sondern allmählich verlaufend nach der Seeseite abfallen sollte; aber mit heiteren oder auch nur zufriedenen Gesichtern hörten sie nicht.

‚Ja, ja,‘ sagte ein alter Gevollmächtigter, ‚da haben wir nun die Bescherung,* und Proteste werden nicht helfen, da der Oberdeichgraf unserem Deichgrafen den Daumen hält!‘*

‚Hast wohl recht, Detlev Wiens,‘ setzte ein zweiter hinzu; ‚die Frühlingsarbeit steht vor der Tür, und nun soll auch noch ein millionenlanger Deich gemacht werden — da muss ja alles liegenbleiben.‘

‚Das könnt ihr dies Jahr noch zu Ende bringen,‘ sagte Hauke; ‚so rasch wird der Stecken nicht vom Zaun gebrochen!‘*

Das wollten wenige zugeben. ‚Aber dein Profil!‘ sprach ein dritter, was Neues auf die Bahn bringend; ‚der Deich wird ja auch an der Aussenseite nach dem Wasser so breit, wie Lawrenz sein Kind nicht lang war! Wo soll das Material herkommen? Wann soll die Arbeit fertig werden?‘

‚Wenn nicht in diesem, so im nächsten Jahre; das wird am meisten von uns selber abhängen!‘ sagte Hauke.

Ein ärgerliches Lachen ging durch die Gesellschaft. ‚Aber wozu die unnütze Arbeit; der Deich soll ja nicht höher werden als der alte,‘ rief eine neue Stimme, ‚und ich mein’, der steht schon über dreissig Jahre!‘

‚Da sagt Ihr recht,‘ sprach Hauke, ‚vor dreissig Jahren ist der alte Deich gebrochen; dann rückwärts vor fünfunddreissig, und wiederum vor fünfundvierzig Jahren; seitdem aber, obgleich er noch immer steil und unvernünftig dasteht, haben die höchsten Fluten uns verschont. Der neue Deich aber soll trotz solcher hundert und aber hundert Jahre stehen; denn er wird nicht durchbrochen werden, weil der milde Abfall nach der Seeseite den Wellen keinen Angriffspunkt entgegenstellt, und so werdet ihr für euch und eure Kinder ein sicheres Land gewinnen, und das ist es, weshalb die Herrschaft* und der Oberdeichgraf mir den Daumen halten; das ist es auch, was ihr zu eurem eigenen Vorteil einsehen solltet!‘

Als die Versammelten hierauf nicht sogleich zu antworten bereit waren, erhob sich ein alter, weisshaariger

Mann mühsam von seinem Stuhle; es war Frau Elkes Pate, Jewe Manners, der auf Haukes Bitten noch immer in seinem Gevollmächtigtenamt verblieben war. ‚Deichgraf Hauke Haien,' sprach er, ‚du machst uns viel Unruhe und Kosten, und ich wollte, du hättest damit gewartet, bis mich der Herrgott hätt' zur Ruhe gehen lassen; aber — recht hast du, das kann nur die Unvernunft bestreiten. Wir haben Gott mit jedem Tag zu danken, dass er uns trotz unserer Trägheit das kostbare Stück Vorland gegen Sturm und Wasserdrang erhalten hat; jetzt ist es wohl die elfte Stunde, in der wir selbst die Hand anlegen müssen, es auch nach all unserem Wissen und Können selber uns zu wahren und auf Gottes Langmut weiter nicht zu trotzen. Ich, meine Freunde, bin ein Greis; ich habe Deiche bauen und brechen sehen; aber den Deich, den Hauke Haien nach ihm von Gott verliehener Einsicht projektiert und bei der Herrschaft für euch durchgesetzt hat, den wird niemand von euch Lebenden brechen sehen; und wolltet ihr ihm selbst nicht danken, eure Enkel werden ihm den Ehrenkranz doch einstens nicht versagen können!'

Jewe Manners setzte sich wieder; er nahm sein blaues Schnupftuch aus der Tasche und wischte sich ein paar Tropfen von der Stirn. Der Greis war noch immer als ein Mann von Tüchtigkeit und unantastbarer Rechtschaffenheit bekannt, und da die Versammlung eben nicht geneigt war, ihm zuzustimmen, so schwieg sie weiter. Aber Hauke Haien nahm das Wort; doch sahen alle, dass er bleich geworden. ‚Ich danke Euch, Jewe Manners,' sprach er, ‚dass Ihr noch hier seid und dass Ihr das Wort gesprochen habt; ihr anderen Herren Gevollmächtigten wollet den neuen Deichbau, der freilich mir zur Last fällt, zum mindesten ansehen als ein Ding, das nun nicht mehr zu ändern steht, und lasset uns demgemäss beschliessen, was nun not ist!'

‚Sprechet!' sagte einer der Gevollmächtigten. Und Hauke breitete die Karte des neuen Deiches auf dem Tische aus: ‚Es hat vorhin einer gefragt,' begann er, ‚woher die viele Erde nehmen? — Ihr seht, so weit das Vorland in die Watten hinausgeht, ist ausserhalb der

Deichlinie ein Streifen Landes freigelassen; daher und von dem Vorlande, das nach Nord und Süd von dem neuen Kooge an dem Deiche hinläuft, können wir die Erde nehmen; haben wir an den Wasserseiten nur eine tüchtige Lage Klei, nach innen oder in der Mitte kann auch Sand genommen werden! — Nun aber ist zunächst ein Feldmesser zu berufen, der die Linie des neuen Deiches auf dem Vorland absteckt! Der mir bei Ausarbeitung des Planes behilflich gewesen, wird wohl am besten dazu passen. Ferner werden wir zur Heranholung des Kleis oder sonstigen Materials die Anfertigung einspänniger Sturzkarren mit Gabeldeichsel bei einigen Stellmachern verdingen müssen; wir werden für die Durchdämmung des Prieles und nach den Binnenseiten, wo wir etwa mit Sand fürliebnehmen müssen, ich kann jetzt nicht sagen, wieviel hundert Fuder Stroh zur Bestickung des Deiches gebrauchen, vielleicht mehr, als in der Marsch hier wird entbehrlich sein! — Lasset uns denn beraten, wie zunächst dies alles zu beschaffen und einzurichten ist; auch die neue Schleuse hier an der Westseite gegen das Wasser zu ist später einem tüchtigen Zimmermann zur Herstellung zu übergeben.'

Die Versammelten hatten sich um den Tisch gestellt, betrachteten mit halbem Aug' die Karte und begannen allgemach zu sprechen; doch war's, als geschähe es, damit nur überhaupt etwas gesprochen werde. Als es sich um Zuziehung des Feldmessers handelte, meinte einer der jüngeren: ‚Ihr habt es ausgesonnen, Deichgraf; Ihr müsset selbst am besten wissen, wer dazu taugen mag.'

Aber Hauke entgegnete: ‚Da ihr Geschworene seid, so müsset ihr aus eigener, nicht aus meiner Meinung sprechen, Jakob Meyen; und wenn ihr's dann besser sagt, so werd' ich meinen Vorschlag fallen lassen!'

‚Nun ja, es wird schon recht sein,' sagte Jakob Meyen.

Aber einem der älteren war es doch nicht völlig recht; er hatte einen Bruderssohn; so einer im Feldmessen sollte hier in der Marsch noch nicht gewesen sein, der sollte noch über des Deichgrafen Vater, den seligen Tede Haien, gehen!

So wurde denn über die beiden Feldmesser verhandelt und endlich beschlossen, ihnen gemeinschaftlich das Werk zu übertragen. Ähnlich ging es bei den Sturzkarren, bei der Strohlieferung und allem anderen, und Hauke kam spät und fast erschöpft auf seinem Wallach, den er noch derzeit ritt, zu Hause an. Aber als er in dem alten Lehnstuhl sass, der noch von seinem gewichtigen, aber leichter lebenden Vorgänger stammte, war auch sein Weib ihm schon zur Seite. ‚Du siehst so müd’ aus, Hauke,‘ sprach sie und strich mit ihrer schmalen Hand das Haar ihm von der Stirn.

‚Ein wenig wohl!‘ erwiderte er.

— ‚Und geht es denn?‘

‚Es geht schon,‘ sagte er mit bitterem Lächeln; ‚aber ich selber muss die Räder schieben und froh sein, wenn sie nicht zurückgehalten werden!‘

— ‚Aber doch nicht von allen?‘

‚Nein, Elke, dein Pate, Jewe Manners, ist ein guter Mann; ich wollt’, er wär’ um dreissig Jahre jünger.‘

*　　*　　*

Als nach einigen Wochen die Deichlinie abgesteckt und der grösste Teil der Sturzkarren geliefert war, waren sämtliche Anteilbesitzer des einzudeichenden Kooges, ingleichen die Besitzer der hinter dem alten Deich belegenen Ländereien durch den Deichgrafen im Kirchspielkrug versammelt worden; es galt, ihnen einen Plan über die Verteilung der Arbeit und Kosten vorzulegen und ihre etwaigen Einwendungen zu vernehmen; denn auch die letzteren hatten, sofern der neue Deich und die neuen Siele die Unterhaltungskosten der älteren Werke verminderten, ihren Teil zu schaffen und zu tragen. Dieser Plan war für Hauke ein schwer Stück Arbeit gewesen, und wenn ihm durch Vermittelung des Oberdeichgrafen neben einem Deichboten nicht auch noch ein Deichschreiber wäre zugeordnet worden, er würde es so bald nicht fertiggebracht haben, obwohl auch jetzt wieder an jedem neuen Tage in die Nacht hinein gearbeitet war. Wenn er dann todmüde sein Lager suchte, so hatte nicht wie vordem sein Weib in nur verstelltem

Schlafe seiner gewartet; auch sie hatte so vollgemessen ihre tägliche Arbeit, dass sie nachts wie am Grunde eines tiefen Brunnens in unstörbarem Schlafe lag.

Als Hauke jetzt seinen Plan verlesen und die Papiere, die freilich schon drei Tage hier im Kruge zur Einsicht ausgelegen hatten, wieder auf den Tisch breitete, waren zwar ernste Männer zugegen, die mit Ehrerbietung diesen gewissenhaften Fleiss betrachteten und sich nach ruhiger Überlegung den billigen Ansätzen* ihres Deichgrafen unterwarfen. Andere aber, deren Anteile an dem neuen Lande von ihnen selbst oder ihren Vätern oder sonstigen Vorbesitzern waren veräussert worden, beschwerten sich, dass sie zu den Kosten des neuen Kooges hinzugezogen seien, dessen Land sie nichts mehr angehe, uneingedenk, dass durch die neuen Arbeiten auch ihre alten Ländereien nach und nach entbürdet würden. Und wieder andere, die mit Anteilen in dem neuen Koog gesegnet waren, schrien, man möge ihnen doch dieselben abnehmen, sie sollten um ein Geringes feil sein; denn wegen der unbilligen Leistungen, die ihnen dafür aufgebürdet würden, könnten sie nicht damit bestehen. Ole Peters aber, der mit grimmigem Gesicht am Türpfosten lehnte, rief dazwischen: ,Besinnt euch erst und dann vertrauet unserem Deichgrafen! der versteht zu rechnen; er hatte schon die meisten Anteile, da wusste er auch mir die meinen abzuhandeln, und als er sie hatte, beschloss er, diesen neuen Koog zu deichen!'

Es war nach diesen Worten einen Augenblick totenstill in der Versammlung. Der Deichgraf stand an dem Tisch, auf den er zuvor seine Papiere gebreitet hatte; er hob seinen Kopf und sah nach Ole Peters hinüber: ,Du weisst wohl, Ole Peters,' sprach er, ,dass du mich verleumdest; du tust es dennoch, weil du überdies auch weisst, dass doch ein gut Teil des Schmutzes, womit du mich bewirfst, an mir wird hängenbleiben! Die Wahrheit ist, dass du deine Anteile los sein wolltest, und dass ich ihrer derzeit für meine Schafzucht bedurfte; und willst du Weiteres wissen, das ungewaschen* Wort, das dir im Krug vom Mund gefahren, ich sei nur Deichgraf meines Weibes wegen, das hat mich aufgerüttelt, und ich hab' euch zeigen wollen, dass ich wohl um meiner selbst willen Deichgraf sein könne; und somit, Ole Peters, hab' ich getan, was schon der Deichgraf vor mir hätte tun sollen. Trägst du mir aber Groll, dass derzeit deine Anteile die meinen geworden sind — du hörst es ja, es sind genug, die jetzt die ihrigen um ein Billiges feilbieten, nur weil die Arbeit ihnen jetzt zuviel ist!'

Von einem kleinen Teil der versammelten Männer ging ein Beifallsmurmeln aus, und der alte Jewe Manners, der dazwischen stand, rief laut: ,Bravo, Hauke Haien! Unser Herrgott wird dir dein Werk gelingen lassen!'

Aber man kam doch nicht zu Ende, obgleich Ole Peters schwieg und die Leute erst zum Abendbrot auseinandergingen; erst in einer zweiten Versammlung wurde alles geordnet; aber auch nur, nachdem Hauke statt der ihm zukommenden drei Gespanne für den nächsten Monat deren vier auf sich genommen hatte.

Endlich, als schon die Pfingstglocken durch das Land läuteten, hatte die Arbeit begonnen. Unablässig fuhren die Sturzkarren von dem Vorlande an die Deichlinie, um den geholten Klei dort abzustürzen, und gleicherweise war dieselbe Anzahl schon wieder auf der Rückfahrt, um auf dem Vorland neuen aufzuladen. An der Deichlinie selber standen Männer mit Schaufeln und Spaten, um das Abgeworfene an seinen Platz zu bringen und zu ebnen. Ungeheuere Fuder Stroh wurden angefahren und abgeladen; nicht nur zur Bedeckung des leichteren Materials, wie Sand und lose Erde, dessen man an den Binnenseiten sich bediente, wurde das Stroh benutzt; allmählich wurden einzelne Strecken des Deiches fertig, und die Grassoden,* womit man sie belegt hatte, wurden stellenweis zum Schutz gegen die nagenden Wellen mit fester Strohbestickung überzogen. Bestellte Aufseher gingen hin und her, und wenn es stürmte, standen sie mit aufgerissenen Mäulern und schrien ihre Befehle durch Wind und Wetter; dazwischen ritt der Deichgraf auf seinem Schimmel, den er jetzt ausschliesslich in Gebrauch hatte, und das Tier flog mit dem Reiter hin und wieder, wenn er rasch und trocken seine Anordnungen machte, wenn er die Arbeiter lobte oder, wie es wohl geschah, einen Faulen oder Ungeschickten ohn' Erbarmen aus der Arbeit wies. ‚Das hilft nicht!' rief er dann; ‚um deine Faulheit darf uns nicht der Deich verderben!' Schon von weitem, wenn er unten aus dem Koog heraufkam, hörten sie das Schnauben seines Rosses, und alle Hände fassten fester in die Arbeit: ‚Frisch zu! Der Schimmelreiter kommt!'

War es um die Frühstückszeit, wo die Arbeiter mit ihrem Morgenbrot haufenweis beisammen auf der Erde lagen, dann ritt Hauke an den verlassenen Werken entlang, und seine Augen waren scharf, wo liederliche Hände den Spaten geführt hatten. Wenn er aber zu den Leuten ritt und ihnen auseinandersetzte, wie die Arbeit müsse beschafft werden, sahen sie wohl zu ihm auf und kauten geduldig an ihrem Brote weiter; aber eine Zustimmung oder auch nur eine Äusserung hörte er nicht von ihnen. Einmal zu solcher Tageszeit, es war schon spät, da er an einer Deichstelle die Arbeit in besonderer Ordnung gefunden hatte, ritt er zu dem nächsten Haufen der Frühstückenden, sprang von seinem Schimmel und frug heiter, wer dort so sauberes Tagewerk verrichtet hätte; aber sie sahen ihn nur scheu und düster an, und nur langsam und wie widerwillig wurden ein paar Namen genannt. Der Mensch, dem er sein Pferd gegeben hatte, das ruhig wie ein Lamm stand, hielt es mit beiden Händen und blickte wie angstvoll nach den schönen Augen des Tieres, die es, wie gewöhnlich, auf seinen Herrn gerichtet hielt.

‚Nun, Marten!' rief Hauke; ‚was stehst du, als ob dir der Donner in die Beine gefahren sei?'

— ‚Herr, Euer Pferd, es ist so ruhig, als ob es Böses vorhabe!'

Hauke lachte und nahm das Pferd selbst am Zügel, das sogleich liebkosend den Kopf an seiner Schulter rieb. Von den Arbeitern sahen einige scheu zu Ross und Reiter hinüber; andere, als ob das alles sie nicht kümmere, assen schweigend ihre Frühkost, dann und wann den Möwen einen Brocken hinaufwerfend, die sich den Futterplatz gemerkt hatten und mit ihren schlanken Flügeln sich fast auf ihre Köpfe senkten. Der Deichgraf blickte eine Weile wie gedankenlos auf die bettelnden Vögel und wie sie die zugeworfenen Bissen mit ihren Schnäbeln haschten; dann sprang er in den Sattel und ritt, ohne sich nach den Leuten umzusehen, davon; einige Worte, die jetzt unter ihnen laut wurden, klangen ihm fast wie Hohn. ,Was ist das?' sprach er bei sich selber. ,Hatte denn Elke recht, dass sie alle gegen mich sind? Auch diese Knechte und kleinen Leute, von denen vielen durch meinen neuen Deich doch eine Wohlhabenheit ins Haus wächst?'

Er gab seinem Pferde die Sporen, dass es wie toll in den Koog hinabflog. Von dem unheimlichen Glanze freilich, mit dem sein früherer Dienstjunge den Schimmelreiter bekleidet hatte, wusste er selber nichts; aber die Leute hätten ihn jetzt nur sehen sollen, wie aus seinem hageren Gesicht die Augen starrten, wie sein Mantel flog, und wie der Schimmel sprühte!

— — So war der Sommer und der Herbst vergangen; noch bis gegen Ende November war gearbeitet worden; dann geboten Frost und Schnee dem Werke Halt; man war nicht fertiggeworden und beschloss, den Koog offen liegen zu lassen. Acht Fuss ragte der Deich aus der Fläche hervor; nur wo westwärts gegen das Wasser hin die Schleuse gelegt werden sollte, hatte man eine Lücke gelassen; auch oben vor dem alten Deiche war der Priel noch unberührt. So konnte die Flut, wie in den letzten dreissig Jahren, in den Koog hineindringen, ohne dort oder an dem neuen Deiche grossen Schaden anzurichten. Und so überliess man dem grossen Gott das Werk der Menschenhände und stellte es in seinen Schutz, bis die Frühlingssonne die Vollendung würde möglich machen.

— — Inzwischen hatte im Hause des Deichgrafen sich ein frohes Ereignis vorbereitet; im neunten Ehejahre war noch ein Kind geboren worden. Es war rot und hutzelig und wog seine sieben Pfund, wie es für neugeborene Kinder sich gebührt, wenn sie, wie dies, dem weiblichen Geschlechte angehören; nur sein Geschrei war wunderlich verhohlen und hatte der Wehmutter nicht gefallen wollen. Das Schlimmste war: am dritten Tage lag

Elke im hellen Kindbettfieber,* redete Irrsal und kannte weder ihren Mann noch ihre alte Helferin. Die unbändige Freude, die Hauke beim Anblick seines Kindes ergriffen hatte, war zu Trübsal geworden; der Arzt aus der Stadt war geholt, er sass am Bett und fühlte den Puls und verschrieb und sah ratlos um sich her. Hauke schüttelte den Kopf: ‚Der hilft nicht; nur Gott kann helfen!' Er hatte sich sein eigen Christentum zurecht gerechnet; aber es war etwas, das sein Gebet zurückhielt. Als der alte Doktor davongefahren war, stand er am Fenster, in den winterlichen Tag hinausstarrend, und während die Kranke aus ihren Phantasien aufschrie, schränkte er die Hände zusammen; er wusste selber nicht, war es aus Andacht, oder war es nur, um in der ungeheuren Angst sich selbst nicht zu verlieren.

‚Wasser! Das Wasser!' wimmerte die Kranke. ‚Halt mich!' schrie sie; ‚halt mich, Hauke!' Dann sank die Stimme; es klang, als ob sie weine: ‚In See, ins Haf hinaus? O lieber Gott, ich seh' ihn nimmer wieder!'

Da wandte er sich und schob die Wärterin von ihrem Bette; er fiel auf seine Knie, umfasste sein Weib und riss es an sich: ‚Elke, Elke, so kenn' mich doch, ich bin ja bei dir!'

Aber sie öffnete nur die fieberglühenden Augen weit und sah wie rettungslos verloren um sich.

Er legte sie zurück auf ihre Kissen; dann krampfte er die Hände ineinander: ‚Herr, mein Gott,' schrie er; ‚nimm sie mir nicht! Du weisst, ich kann sie nicht entbehren!' Dann war's, als ob er sich besinne, und leiser setzte er hinzu: ‚Ich weiss ja wohl, du kannst nicht allezeit, wie du willst, auch du nicht; du bist allweise; du musst nach deiner Weisheit tun — o Herr, sprich nur durch einen Hauch zu mir!'

Es war, als ob plötzlich eine Stille eingetreten sei; er hörte nur ein leises Atmen; als er sich zum Bette kehrte, lag sein Weib in ruhigem Schlaf, nur die Wärterin sah mit entsetzten Augen auf ihn. Er hörte die Tür gehen. ‚Wer war das?' frug er.

‚Herr, die Magd Ann Grete ging hinaus; sie hatte den Warmkorb hereingebracht.'

81

— ‚Was sieht Sie mich denn so verfahren an, Frau Levke?‘

‚Ich? Ich hab' mich ob Eurem Gebet erschrocken; damit betet Ihr keinen vom Tode los!‘

Hauke sah sie mit seinen durchdringenden Augen an: ‚Besucht Sie denn auch, wie unsere Ann Grete, die Konventikel* bei dem holländischen Flickschneider Jantje?‘

‚Ja, Herr; wir haben beide den lebendigen Glauben!‘

Hauke antwortete ihr nicht. Das damals stark im Schwange gehende separatistische Konventikelwesen hatte auch unter den Friesen seine Blüten getrieben; heruntergekommene Handwerker oder wegen Trunkes abgesetzte Schulmeister spielten darin die Hauptrolle, und Dirnen, junge und alte Weiber, Faulenzer und einsame Menschen liefen eifrig in die heimlichen Versammlungen, in denen jeder den Priester spielen konnte. Aus des Deichgrafen Hause brachten Ann Grete und der in sie verliebte Dienstjunge ihre freien Abende dort zu. Freilich hatte Elke ihre Bedenken darüber gegen Hauke nicht zurückgehalten; aber er hatte gemeint, in Glaubenssachen solle man keinem dreinreden; das schade niemandem, und besser dort doch als im Schnapskrug!

So war es dabei geblieben, und so hatte er auch jetzt geschwiegen. Aber freilich über ihn schwieg man nicht; seine Gebetsworte liefen um von Haus zu Haus. Er hatte Gottes Allmacht bestritten; was war ein Gott denn ohne Allmacht? Er war ein Gottesleugner; die Sache mit dem Teufelspferde mochte auch am Ende richtig sein!

Hauke erfuhr nichts davon; er hatte in diesen Tagen nur Ohren und Augen für sein Weib, selbst das Kind war für ihn nicht mehr auf der Welt.

Der alte Arzt kam wieder, kam jeden Tag, mitunter zweimal, blieb dann eine ganze Nacht, schrieb wieder ein Rezept, und der Knecht Iven Johns ritt damit im Flug zur Apotheke. Dann aber wurde sein Gesicht freundlicher, er nickte dem Deichgrafen vertraulich zu: ‚Es geht! Es geht! Mit Gottes Hilfe!‘ Und eines Tags — hatte nun seine Kunst die Krankheit besiegt, oder hatte auf Haukes Gebet der liebe Gott doch noch einen Ausweg finden können —, als der Doktor mit der Kranken allein war, sprach er zu ihr, und seine alten Augen lachten: ‚Frau, jetzt kann ich's getrost Euch sagen: heut' hat der Doktor seinen Festtag; es stand schlimm um Euch, aber nun gehöret Ihr wieder zu uns, zu den Lebendigen!'

Da brach es wie ein Strahlenmeer aus ihren dunklen Augen. ‚Hauke! Hauke, wo bist du?' rief sie, und als er auf den hellen Ruf ins Zimmer und an ihr Bett stürzte, schlug sie die Arme um seinen Nacken: ‚Hauke, mein Mann, gerettet! Ich bleibe bei dir!'

Da zog der alte Doktor sein seiden Schnupftuch aus der Tasche, fuhr sich damit über Stirn und Wangen und ging kopfnickend aus dem Zimmer.

— — Am dritten Abend nach diesem Tage sprach ein frommer Redner — es war ein vom Deichgrafen aus der Arbeit gejagter Pantoffelmacher — im Konventikel bei dem holländischen Schneider, da er seinen Zuhörern die Eigenschaften Gottes auseinandersetzte: ‚Wer aber Gottes Allmacht widerstreitet, wer da sagt: Ich weiss, du kannst nicht, was du willst — wir kennen den Unglückseligen ja alle; er lastet gleich einem Stein auf der Gemeinde —, der ist von Gott gefallen und suchet den Feind Gottes, den Freund der Sünde, zu seinem Tröster; denn nach irgendeinem Stabe muss die Hand des Menschen greifen. Ihr aber, hütet euch vor dem, der also betet; sein Gebet ist Fluch!'

— — Auch das lief um von Haus zu Haus. Was läuft nicht um in einer kleinen Gemeinde? Und auch zu Haukes Ohren kam es. Er sprach kein Wort darüber, nicht einmal zu seinem Weibe; nur mitunter konnte er sie heftig umfassen und an sich ziehen: ‚Bleib mir treu, Elke! Bleib mir treu!' — Dann sahen ihre Augen voll Staunen zu ihm auf: ‚Dir treu? Wem sollte ich denn anders treu sein?' — Nach einer kurzen Weile aber hatte sie sein Wort verstanden: ‚Ja, Hauke, wir sind uns treu; nicht nur, weil wir uns brauchen.' Und dann ging jedes seinen Arbeitsweg.

Das wäre soweit gut gewesen; aber es war doch trotz aller lebendigen Arbeit eine Einsamkeit um ihn, und in seinem Herzen nistete sich ein Trotz und abgeschlossenes Wesen gegen andere Menschen ein; nur gegen sein Weib blieb er allezeit der gleiche, und an der Wiege seines Kindes lag er abends und morgens auf den Knien, als sei dort die Stätte seines ewigen Heils. Gegen Gesinde und Arbeiter aber wurde er strenger; die Ungeschickten und Fahrlässigen, die er früher durch ruhigen Tadel zurechtgewiesen hatte, wurden jetzt durch hartes Anfahren aufgeschreckt, und Elke ging mitunter leise bessern.

*   *   *

Als der Frühling nahte, begannen wieder die Deicharbeiten; mit einem Kajedeich* wurde zum Schutz der jetzt aufzubauenden neuen Schleuse die Lücke in der westlichen Deichlinie geschlossen, halbmondförmig nach innen und ebenso nach aussen; und gleich der Schleuse wuchs allmählich auch der Hauptdeich zu seiner immer rascher herzustellenden Höhe empor. Leichter wurde dem leitenden Deichgrafen seine Arbeit nicht, denn an Stelle des im Winter verstorbenen Jewe Manners war Ole Peters als Deichgevollmächtigter eingetreten. Hauke hatte nicht versuchen wollen, es zu hindern; aber anstatt der ermutigenden Worte und der dazugehörigen zutunlichen Schläge auf seine linke Schulter, die er so oft von dem alten Paten seines Weibes einkassiert hatte, kamen ihm jetzt von dem Nachfolger ein heimliches Widerhalten und unnötige Einwände und waren mit unnötigen Gründen zu bekämpfen; denn Ole gehörte zwar zu den Wichtigen, aber in Deichsachen nicht zu den Klugen; auch war von früher her der ‚Schreiberknecht' ihm immer noch im Wege.

Der glänzendste Himmel breitete sich wieder über Meer und Marsch, und der Koog wurde wieder bunt von starken Rindern, deren Gebrüll von Zeit zu Zeit die weite Stille unterbrach; unablässig sangen in hoher Himmelsluft die Lerchen, aber man hörte es erst, wenn einmal auf eines Atemzuges Länge der Gesang verstummt war. Kein Unwetter störte die Arbeit, und die Schleuse stand schon mit ihrem ungestrichenen Balkengefüge, ohne dass auch nur in einer Nacht sie eines

Schutzes von dem Interimsdeich bedurft hätte; der Herrgott schien seine Gunst dem neuen Werke zuzuwenden. Auch Frau Elkes Augen lachten ihrem Manne zu, wenn er auf seinem Schimmel draussen von dem Deich nach Hause kam. ‚Bist doch ein braves Tier geworden!‘ sagte sie dann und klopfte den blanken Hals des Pferdes. Hauke aber, wenn sie das Kind am Halse hatte, sprang herab und liess das winzige Dinglein auf seinen Armen tanzen. Wenn dann der Schimmel seine braunen Augen auf das Kind gerichtet hielt, dann sprach er wohl: ‚Komm her; sollst auch die Ehre haben!‘ und er setzte die kleine Wienke — denn so war sie getauft worden — auf seinen Sattel und führte den Schimmel auf der Werft im Kreise herum. Auch der alte Eschenbaum hatte mitunter die Ehre; er setzte das Kind auf einen schwankenden Ast und liess es schaukeln. Die Mutter stand mit lachenden Augen in der Haustür; das Kind aber lachte nicht, seine Augen, zwischen denen ein feines Näschen stand, schauten ein wenig stumpf ins Weite, und die kleinen Hände griffen nicht nach dem Stöckchen, das der Vater ihm hinhielt. Hauke achtete nicht darauf, er wusste auch nichts von so kleinen Kindern; nur Elke, wenn sie das helläugige Mädchen auf dem Arm ihrer Arbeitsfrau erblickte, die mit ihr zugleich das Wochenbett bestanden hatte, sagte mitunter schmerzlich: ‚Das meine ist noch nicht so weit wie deines, Stina!‘ Und die Frau, ihren dicken Jungen, den sie an der Hand hatte, mit derber Liebe schüttelnd, rief dann wohl: ‚Ja Frau, die Kinder sind verschieden; der da, der stahl mir schon die Äpfel aus der Kammer, bevor er übers zweite Jahr hinaus war!‘ Und Elke strich dem dicken Buben sein Kraushaar aus den Augen und drückte dann heimlich ihr stilles Kind ans Herz.

— — Als es in den Oktober hineinging, stand an der Westseite die neue Schleuse schon fest in dem von beiden Seiten schliessenden Hauptdeich, der bis auf die Lücken bei dem Priele nun mit seinem sanften Profile ringsum nach den Wasserseiten abfiel und um fünfzehn Fuss die ordinäre Flut überragte. Von seiner Nordwestecke sah man an Jevershallig vorbei ungehindert in

85

das Wattenmeer hinaus; aber freilich auch die Winde
fassten hier schärfer; die Haare flogen, und wer hier
ausschauen wollte, der musste die Mütze fest auf dem
Kopf haben.

Zu Ende November, wo Sturm und Regen eingefallen
waren, blieb nur noch hart am alten Deich die Schlucht
zu schliessen, auf deren Grunde an der Nordseite das
Meerwasser durch den Priel in den neuen Koog hinein-
schoss. Zu beiden Seiten standen die Wände des
Deiches; der Abgrund zwischen ihnen musste jetzt ver-
schwinden. Ein trocken Sommerwetter hätte die Arbeit
wohl erleichtert; aber auch so musste sie getan werden,
denn ein aufbrechender Sturm konnte das ganze Werk
gefährden. Und Hauke setzte alles daran, um jetzt den
Schluss herbeizuführen. Der Regen strömte, der Wind
pfiff; aber seine hagere Gestalt auf dem feurigen Schimmel tauchte bald hier, bald dort aus den schwarzen
Menschenmassen empor, die oben wie unten an der
Nordseite des Deiches neben der Schlucht beschäftigt
waren. Jetzt sah man ihn unten bei den Sturzkarren,
die schon weither die Kleierde aus dem Vorlande holen
mussten, und von denen eben ein gedrängter Haufen bei
dem Priele anlangte und seine Last dort abzuwerfen
suchte. Durch das Geklatsch des Regens und das
Brausen des Windes klangen von Zeit zu Zeit die scharfen
Befehlsworte des Deichgrafen, der heute hier allein
gebieten wollte. Er rief die Karren nach den Nummern
vor und wies die Drängenden zurück; ein ‚Halt!' scholl
von seinem Munde, dann ruhte unten die Arbeit;
‚Stroh! ein Fuder Stroh hinab!' rief er denen droben zu,
und von einem der oben haltenden Fuder stürzte es auf
den nassen Klei hinunter. Unten sprangen Männer
dazwischen und zerrten es auseinander und schrien nach
oben, sie nur nicht zu begraben. Und wieder kamen
neue Karren, und Hauke war schon wieder oben und
sah von seinem Schimmel in die Schlucht hinab, und
wie sie dort schaufelten und stürzten; dann warf er seine
Augen nach dem Haf hinaus. Es wehte scharf, und er
sah, wie mehr und mehr der Wassersaum am Deich
hinaufklimmte, und wie die Wellen sich noch höher

hoben; er sah auch, wie die Leute trieften und kaum atmen konnten in der schweren Arbeit vor dem Winde, der ihnen die Luft am Munde abschnitt, und vor dem kalten Regen, der sie überströmte. — ‚Ausgehalten,* Leute! Ausgehalten!‘ schrie er zu ihnen hinab. ‚Nur einen Fuss noch höher; dann ist’s genug für diese Flut!‘ Und durch alles Getöse des Wetters hörte man das Geräusch der Arbeiter; das Klatschen der hineingestürzten Kleimassen, das Rasseln der Karren und das Rauschen des von oben hinabgelassenen Strohes ging unaufhaltsam vorwärts; dazwischen war mitunter das Winseln eines kleinen, gelben Hundes laut geworden, der frierend und wie verloren zwischen Menschen und Fuhrwerken herumgestossen wurde; plötzlich aber scholl ein jammervoller Schrei des kleinen Tieres von unten aus der Schlucht herauf. Hauke blickte hinab; er hatte es von oben hinunterschleudern sehen; eine jähe Zornröte stieg ihm ins Gesicht. ‚Halt! Haltet ein!‘ schrie er zu den Karren hinunter; denn der nasse Klei wurde unaufhaltsam aufgeschüttet.

‚Warum?‘ schrie eine rauhe Stimme von unten herauf; ‚doch um die elende Hundekreatur nicht?‘

‚Halt! sag’ ich,‘ schrie Hauke wieder; ‚bring’ mir den Hund! Bei unserem Werke soll kein Frevel sein!‘

Aber es rührte sich keine Hand; nur ein paar Spaten zähen Kleis flogen noch neben das schreiende Tier. Da gab er seinem Schimmel die Sporen, dass das Tier einen Schrei ausstiess, und stürmte den Deich hinab, und alles wich vor ihm zurück. ‚Den Hund!‘ schrie er, ‚ich will den Hund!‘

Eine Hand schlug sanft auf seine Schulter, als wäre es die Hand des alten Jewe Manners; doch als er umsah, war es nur ein Freund des Alten. ‚Nehmt Euch in acht, Deichgraf!‘ raunte der ihm zu, ‚Ihr habt nicht Freunde unter diesen Leuten; lasst es mit dem Hunde gehen!‘

Der Wind pfiff, der Regen klatschte; die Leute hatten die Spaten in den Grund gesteckt, einige sie fortgeworfen. Hauke neigte sich zu dem Alten: ‚Wollt Ihr meinen Schimmel halten, Harke Jens?‘ frug er, und als jener noch kaum den Zügel in der Hand hatte, war Hauke

87

schon in die Kluft gesprungen und hielt das kleine, winselnde Tier in seinem Arm; und fast im selben Augenblicke sass er auch wieder hoch im Sattel und sprengte auf den Deich zurück. Seine Augen flogen über die Männer, die bei den Wagen standen. ‚Wer war es?' rief er. ‚Wer hat die Kreatur hinabgeworfen?'

Einen Augenblick schwieg alles, denn aus dem hageren Gesicht des Deichgrafen sprühte der Zorn, und sie hatten abergläubische Furcht vor ihm. Da trat von einem Fuhrwerk ein stiernackiger Kerl vor ihn hin. ‚Ich tat es nicht, Deichgraf,' sagte er und biss von einer Rolle Kautabak ein Endchen ab, das er sich erst ruhig in den Mund schob; ‚aber der es tat, hat recht getan; soll Euer Deich sich halten, so muss was Lebiges hinein!'

— ‚Was Lebiges? Aus welchem Katechismus hast du das gelernt?'

‚Aus keinem, Herr!' entgegnete der Kerl, und aus seiner Kehle stiess ein freches Lachen; ‚das haben unsere Grossväter schon gewusst, die sich mit Euch im Christentum wohl messen durften! Ein Kind ist besser noch; wenn das nicht da ist, tut's auch wohl ein Hund!'

‚Schweig du mit deinen Heidenlehren,' schrie ihn Hauke an, ‚es stopfte besser, wenn man dich hineinwürfe.'

‚Oho!' erscholl es; aus einem Dutzend Kehlen war der Laut gekommen, und der Deichgraf gewahrte ringsum grimmige Gesichter und geballte Fäuste; er sah wohl, dass das keine Freunde waren; der Gedanke an seinen Deich überfiel ihn wie ein Schrecken; was sollte werden, wenn jetzt alle ihre Spaten hinwürfen? — Und als er nun den Blick nach unten richtete, sah er wieder den Freund des alten Jewe Manners; der ging dort zwischen den Arbeitern, sprach zu dem und jenem, lachte hier einem zu, klopfte dort mit freundlichem Gesicht einem auf die Schulter, und einer nach dem andern fasste wieder seinen Spaten; noch einige Augenblicke, und die Arbeit war wieder in vollem Gange. — Was wollte er denn noch? Der Priel musste geschlossen werden, und den Hund barg er sicher genug in den Falten seines Mantels. Mit plötzlichem Entschluss wandte er seinen Schimmel gegen den nächsten Wagen: ‚Stroh an die

Kante!' rief er herrisch, und wie mechanisch gehorchte ihm der Fuhrknecht; bald rauschte es hinab in die Tiefe, und von allen Seiten regte es sich aufs neue und mit allen Armen.

Eine Stunde war noch so gearbeitet; es war nach sechs Uhr, und schon brach tiefe Dämmerung herein, der Regen hatte aufgehört. Da rief Hauke die Aufseher an sein Pferd: ‚Morgen früh vier Uhr,' sagte er, ‚ist alles wieder auf dem Platz; der Mond wird noch am Himmel sein; da machen wir mit Gott den Schluss! Und dann noch eines!' rief er, als sie gehen wollten: ‚Kennt ihr den Hund?' und er nahm das zitternde Tier aus seinem Mantel.

Sie verneinten das; nur einer sagte: ‚Der hat sich tagelang schon im Dorf herumgebettelt; der gehört gar keinem!'

‚Dann ist er mein!' entgegnete der Deichgraf. ‚Vergesset nicht: morgen früh vier Uhr!' und er ritt davon.

Als er heimkam, trat Ann Grete aus der Tür; sie hatte saubere Kleidung an, und es fuhr ihm durch den Kopf, sie gehe jetzt zum Konventikelschneider: ‚Halt' die Schürze auf!' rief er ihr zu, und da sie es unwillkürlich tat, warf er das kleibeschmutzte Hündlein ihr hinein: ‚Bring ihn der kleinen Wienke; er soll ihr Spielkamerad werden! Aber wasch' und wärm' ihn zuvor; so tust du auch ein gottgefällig Werk, denn die Kreatur ist schier verklommen.'

Und Ann Grete konnte nicht lassen, ihrem Wirt Gehorsam zu leisten, und kam deshalb heute nicht in den Konventikel.

*   *   *

Und am anderen Tage wurde der letzte Spatenstich am neuen Deich getan; der Wind hatte sich gelegt; in anmutigem Fluge schwebten Möwen und Avosetten* über Land und Wasser hin und wieder; von Jevershallig tönte das tausendstimmige Geknorr der Rottgänse, die sich's noch heute an der Küste der Nordsee wohl sein liessen, und aus den weissen Morgennebeln, welche die weite Marsch bedeckten, stieg allmählich ein goldener Herbsttag und beleuchtete das neue Werk der Menschenhände.

Nach einigen Wochen kamen mit dem Oberdeichgrafen die herrschaftlichen Kommissäre zur Besichtigung desselben; ein grosses Festmahl, das erste nach dem Leichenmahl des alten Tede Volkerts, wurde im deichgräflichen Hause gehalten; alle Deichgevollmächtigten und die grössten Interessenten waren dazu geladen. Nach Tische wurden sämtliche Wagen der Gäste und des Deichgrafen angespannt; Frau Elke wurde von dem Oberdeichgrafen in die Karriole* gehoben, vor der der braune Wallach mit seinen Hufen stampfte; dann sprang er selber hinten nach und nahm die Zügel in die Hand; er wollte die gescheite Frau seines Deichgrafen selber fahren. So ging es munter von der Werfte und in den Weg hinaus, den Akt zum neuen Deich hinan und auf demselben um den jungen Koog herum. Es war inmittelst* ein leichter Nordwestwind aufgekommen, und an der Nord- und Westseite des neuen Deiches wurde die Flut hinaufgetrieben; aber es war unverkennbar, der sanfte Abfall bedingte einen sanfteren Anschlag. Aus dem Munde der herrschaftlichen Kommissäre strömte das Lob des Deichgrafen, dass die Bedenken, welche hie und da von den Gevollmächtigten dagegen langsam vorgebracht wurden, gar bald darin erstickten.

— Auch das ging vorüber; aber noch eine Genugtuung empfing der Deichgraf eines Tages, da er in stillem, selbstbewusstem Sinnen auf dem neuen Deich entlang ritt. Es mochte ihm wohl die Frage kommen, weshalb der Koog, der ohne ihn nicht da wäre, in dem sein Schweiss und seine Nachtwachen steckten, nun schliesslich nach einer der herrschaftlichen Prinzessinnen ‚der neue Karolinenkoog‘ getauft sei. Aber es war doch so; auf allen dahin gehörigen Schriftstücken stand der Name, auf einigen sogar in roter Frakturschrift. Da, als er aufblickte, sah er zwei Arbeiter mit ihren Feldgeratschaften, der eine etwa zwanzig Schritte hinter dem anderen, sich entgegenkommen. ‚So wart' doch!‘ hörte er den nachfolgenden rufen; der andere aber — er

stand eben an einem Akt, der in den Koog hinunter-
führte — rief ihm entgegen: ‚Ein andermal, Jens! Es
ist schon spät; ich soll hier Klei schlagen!'

— ‚Wo denn?'

‚Nun hier, im Hauke-Haien-Koog!'

Er rief es laut, indem er den Akt hinabtrabte, als solle
die ganze Marsch es hören, die darunter lag. Hauke
aber war es, als höre er seinen Ruhm verkünden; er hob
sich im Sattel, gab seinem Schimmel die Sporen und sah
mit festen Augen über die weite Landschaft hin, die zu
seiner Linken lag. ‚Hauke-Haien-Koog!' wiederholte
er leis; das klang, als könnt' es alle Zeit nicht anders
heissen! Mochten sie trotzen, wie sie wollten, um seinen
Namen war doch nicht herumzukommen; der Prin-
zessinnenname — würde er nicht bald nur noch in alten
Schriften modern? — Der Schimmel ging in stolzem
Galopp; vor seinen Ohren aber summte es: ‚Hauke-
Haien-Koog! Hauke-Haien-Koog!' In seinen Gedanken wuchs fast der neue Deich zu einem achten
Weltwunder; in ganz Friesland war nicht seinesgleichen!
Und er liess den Schimmel tanzen; ihm war, er stünde
inmitten aller Friesen; er überragte sie um Kopfeshöhe,
und seine Blicke flogen scharf und mitleidig über sie hin.

— — Allmählich waren drei Jahre seit der Eindeichung hingegangen; das neue Werk hatte sich be-
währt, die Reparaturkosten waren nur gering gewesen;
im Kooge aber blühte jetzt fast überall der weisse Klee,
und ging man über die geschützten Weiden, so trug der
Sommerwind einem ganze Wolken süssen Duftes entgegen. Da war die Zeit gekommen, die bisher nur
idealen Anteile in wirkliche zu verwandeln und ‚allen
Teilnehmern ihre bestimmten Stücke für immer eigen-
tümlich zuzusetzen. Hauke war nicht müssig gewesen,
vorher noch einige neue zu erwerben. Ole Peters hatte
sich verbissen zurückgehalten, ihm gehörte nichts im
neuen Kooge. Ohne Verdruss und Streit hatte auch so
die Teilung nicht abgehen können, aber fertig war er
gleichwohl geworden; auch dieser Tag lag hinter dem
Deichgrafen.

Fortan lebte er einsam seinen Pflichten als Hofwirt wie als Deichgraf und denen, die ihm am nächsten angehörten; die alten Freunde waren nicht mehr in der Zeitlichkeit;* neue zu erwerben, war er nicht geeignet. Aber unter seinem Dach war Frieden, den auch das stille Kind nicht störte. Es sprach wenig; das stete Fragen, was den aufgeweckten Kindern eigen ist, kam selten und meist so, dass dem Gefragten die Antwort darauf schwer wurde; aber ihr liebes, einfältiges Gesichtlein trug fast immer den Ausdruck der Zufriedenheit. Zwei Spielkameraden hatte sie, die waren ihr genug; wenn sie über die Werfte wanderte, sprang das gerettete gelbe Hündlein stets um sie herum, und wenn der Hund sich zeigte, war auch klein Wienke nicht mehr fern. Der zweite Kamerad war eine Lachmöwe,* und wie der Hund ,Perle', so hiess die Möwe ,Claus'.

Claus war durch ein greises Menschenkind auf dem Hofe installiert worden. Die achtzigjährige Trin' Jans hatte in ihrer Kate auf dem Aussendeich sich nicht mehr durchbringen können; da hatte Frau Elke gemeint, die verlebte Dienstmagd ihres Grossvaters könnte bei ihnen noch ein paar stille Abendstunden und eine gute Sterbekammer finden, und so, halb mit Gewalt, war sie von ihr und Hauke nach dem Hofe geholt und in dem Nordweststübchen der neuen Scheuer untergebracht worden, die der Deichgraf vor einigen Jahren neben dem Haupthause bei der Vergrösserung seiner Wirtschaft hatte bauen müssen. Ein paar der Mägde hatten daneben ihre Kammer erhalten und konnten der Greisin nachts zur Hand gehen. Rings an den Wänden hatte sie ihr altes Hausgerät: eine Schatulle von Zuckerkistenholz, darüber zwei bunte Bilder vom verlorenen Sohn, ein längst zur Ruhe gestelltes Spinnrad und ein sehr sauberes Gardinenbett, vor dem ein ungefüger, mit dem weissen Fell des weiland Angorakaters überzogener Schemel stand. Aber auch was Lebiges hatte sie noch um sich gehabt und mit hierher gebracht, das war die Möwe Claus, die sich schon jahrelang zu ihr gehalten hatte und von ihr gefüttert worden war; freilich, wenn es Winter wurde, flog sie mit den anderen Möwen südwärts und kam erst wieder, wenn am Strand der Wermut duftete.

Die Scheuer lag etwas tiefer an der Werfte; die Alte konnte von ihrem Fenster aus nicht über den Deich auf die See hinaus blicken. ,Du hast mich hier als wie gefangen, Deichgraf!' murrte sie eines Tages, als Hauke zu ihr eintrat, und wies mit ihrem verkrümmten Finger nach den Fennen hinaus, die sich dort unten breiteten. ,Wo ist denn Jeverssand? Da über den roten oder über den schwarzen Ochsen hinaus?'

,Was will Sie denn mit Jeverssand?' frug Hauke.

— ,Ach was, Jeverssand!' brummte die Alte. ,Aber ich will doch sehen, wo mein Jung mir derzeit ist zu Gott gegangen!'

,Wenn Sie das sehen will,' entgegnete Hauke, ,so muss Sie sich oben unter den Eschenbaum setzen, da sieht Sie das ganze Haf!'

,Ja,' sagte die Alte; ,ja, wenn ich deine jungen Beine hätte, Deichgraf!'

Dergleichen blieb lange der Dank für die Hilfe, die ihr die Deichgrafsleute angedeihen liessen; dann aber wurde es auf einmal anders. Der kleine Kindskopf Wienkes guckte eines Morgens durch die halbgeöffnete Tür zu ihr herein. ,Na,' rief die Alte, welche mit den Händen ineinander auf ihrem Holzstuhl sass, ,was hast du denn zu bestellen?'

Aber das Kind kam schweigend näher und sah sie mit ihren gleichgültigen Augen unablässig an.

,Bist du das Deichgrafskind?' frug sie Trin' Jans, und da das Kind wie nickend das Köpfchen senkte, fuhr sie fort: ,So setz' dich hier auf meinen Schemel! Ein Angorakater ist's gewesen — so gross! Aber dein Vater hat ihn totgeschlagen. Wenn er noch lebig wäre, so könntst du auf ihm reiten.'

Wienke richtete stumm ihre Augen auf das weisse Fell; dann kniete sie nieder und begann es mit ihren kleinen Händen zu streicheln, wie Kinder es bei einer lebenden Katze oder einem Hunde zu machen pflegen. ,Armer Kater!' sagte sie dann und fuhr wieder in ihren Liebkosungen fort.

‚So!' rief nach einer Weile die Alte, ‚jetzt ist es genug, und sitzen kannst du auch noch heut' auf ihm; vielleicht hat dein Vater ihn auch nur deshalb totgeschlagen!' Dann hob sie das Kind an beiden Armen in die Höhe und setzte es derb auf den Schemel nieder. Da es aber stumm und unbeweglich sitzen blieb und sie nur immer ansah, begann sie mit dem Kopfe zu schütteln: ‚Du strafst ihn, Gott der Herr! Ja, ja, du strafst ihn!' murmelte sie; aber ein Erbarmen mit dem Kinde schien sie doch zu überkommen; ihre knöcherne Hand strich über das dürftige Haar desselben, und aus den Augen der Kleinen kam es, als ob ihr damit wohlgeschehe.

Von nun an kam Wienke täglich zu der Alten in die Kammer; sie setzte sich bald von selbst auf den Angoraschemel, und Trin' Jans gab ihr kleine Fleisch- und Brotstückchen in ihre Händchen, welche sie allezeit in Vorrat hatte, und liess sie diese auf den Fussboden werfen; dann kam mit Gekreisch und ausgespreizten Flügeln die Möwe aus irgendeinem Winkel hervorgeschossen und machte sich darüber her. Erst erschrak das Kind und schrie auf vor dem grossen, stürmenden Vogel; bald aber war es wie ein eingelerntes Spiel, und wenn sie nur ihr Köpfchen durch den Türspalt steckte, schoss schon der Vogel auf sie zu und setzte sich ihr auf Kopf oder Schulter, bis die Alte ihr zu Hilfe kam und die Fütterung beginnen konnte. Trin' Jans, die es sonst nicht hatte leiden können, dass einer auch nur die Hand nach ihrem ‚Claus' ausstreckte, sah jetzt geduldig zu, wie das Kind allmählich ihr den Vogel völlig abgewann. Er liess sich willig von ihr haschen; sie trug ihn umher und wickelte ihn in ihre Schürze, und wenn dann auf der Werfte etwa das gelbe Hündlein um sie herum und eifersüchtig gegen den Vogel aufsprang, dann rief sie wohl: ‚Nicht du, nicht du, Perle!' und hob mit ihren Ärmchen die Möwe so hoch, dass diese, sich selbst befreiend, schreiend über die Werfte hinflog und statt ihrer nun der Hund durch Schmeicheln und Springen den Platz auf ihren Armen zu erobern suchte.

Fielen zufällig Haukes oder Elkes Augen auf dies wunderliche Vierblatt,* das nur durch einen gleichen

Mangel am selben Stengel festgehalten wurde, dann flog wohl ein zärtlicher Blick auf ihr Kind; hatten sie sich gewandt, so blieb nur noch ein Schmerz auf ihrem Antlitz, den jedes einsam mit sich von dannen trug, denn das erlösende Wort war zwischen ihnen noch nicht gesprochen worden. Da, eines Sommervormittages, als Wienke mit der Alten und den beiden Tieren auf den grossen Steinen vor der Scheuntür sass, gingen ihre beiden Eltern, der Deichgraf seinen Schimmel hinter sich, die Zügel über dem Arme, hier vorüber; er wollte auf den Deich hinaus und hatte das Pferd sich selber von der Fenne heraufgeholt; sein Weib hatte auf der Werfte sich an seinen Arm gehängt. Die Sonne schien warm hernieder; es war fast schwül, und mitunter kam ein Windstoss aus Südsüdost. Dem Kinde mochte es auf dem Platze unbehaglich werden: ‚Wienke will mit!‘ rief sie, schüttelte die Möwe von ihrem Schoss und griff nach der Hand ihres Vaters.

‚So komm!‘ sagte dieser.

— Frau Elke aber rief: ‚In dem Wind? Sie fliegt dir weg!‘

‚Ich halt’ sie schon, und heut’ haben wir warme Luft und lustig Wasser, da kann sie’s tanzen sehen.‘

Und Elke lief ins Haus und holte noch ein Tüchlein und ein Käppchen für ihr Kind. ‚Aber es gibt ein Wetter,‘ sagte sie, ‚macht, dass ihr fortkommt, und seid bald wieder hier!‘

Hauke lachte: ‚Das soll uns nicht zu fassen kriegen!‘ und hob das Kind zu sich auf den Sattel. Frau Elke blieb noch eine Weile auf der Werfte und sah, mit der Hand ihre Augen beschattend, die beiden auf den Weg und nach dem Deich hinübertraben; Trin’ Jans sass auf dem Stein und murmelte Unverständliches mit ihren welken Lippen.

Das Kind lag regungslos im Arm des Vaters; es war, als atme es beklommen unter dem Druck der Gewitterluft; er neigte den Kopf zu ihr: ‚Nun, Wienke?‘ frug er.

Das Kind sah ihn eine Weile an. ‚Vater,‘ sagte es, ‚du kannst das doch! Kannst du nicht alles?‘

‚Was soll ich können, Wienke?'

Aber sie schwieg; sie schien die eigene Frage nicht verstanden zu haben.

Es war Hochflut; als sie auf den Deich hinaufkamen, schlug der Widerschein der Sonne von dem weiten Wasser ihr in die Augen, ein Wirbelwind trieb die Wellen strudelnd in die Höhe, und neue kamen heran und schlugen klatschend gegen den Strand; da klammerte sie ihre Händchen angstvoll um die Faust ihres Vaters, die den Zügel führte, dass der Schimmel mit einem Satz zur Seite fuhr. Die blassblauen Augen sahen in wirrem Schreck zu Hauke auf: ‚Das Wasser, Vater! das Wasser!' rief sie.

Aber er löste sich sanft und sagte: ‚Still, Kind, du bist bei deinem Vater; das Wasser tut dir nichts!'

Sie strich sich das fahlblonde Haar aus der Stirn und wagte es wieder, auf die See hinauszusehen. ‚Es tut mir nichts,' sagte sie zitternd, ‚nein, sag, dass es uns nichts tun soll; du kannst das, und dann tut es uns auch nichts!'

‚Nicht ich kann das, Kind,' entgegnete Hauke ernst; ‚aber der Deich, auf dem wir reiten, der schützt uns, und den hat dein Vater ausgedacht und bauen lassen.'

Ihre Augen gingen wider ihn, als ob sie das nicht ganz verstünde; dann barg sie ihr auffallend kleines Köpfchen in dem weiten Rocke ihres Vaters.

‚Warum versteckst du dich, Wienke?' raunte der ihr zu; ‚ist dir noch immer bange?' Und ein zitterndes Stimmchen kam aus den Falten des Rockes: ‚Wienke will lieber nicht sehen; aber du kannst doch alles, Vater?'

Ein ferner Donner rollte gegen den Wind herauf. ‚Hoho!' rief Hauke, ‚da kommt es!' und wandte sein Pferd zur Rückkehr. ‚Nun wollen wir heim zur Mutter!'

Das Kind tat einen tiefen Atemzug; aber erst, als sie die Werfte und das Haus erreicht hatten, hob es das Köpfchen von seines Vaters Brust. Als dann Frau Elke ihr im Zimmer das Tüchelchen und die Kapuze abgenommen hatte, blieb sie wie ein kleiner stummer Kegel

vor der Mutter stehen. ‚Nun, Wienke,‘ sagte diese und
schüttelte sie leise, ‚magst du das grosse Wasser leiden?‘
Aber das Kind riss die Augen auf: ‚Es spricht,‘ sagte
sie, ‚Wienke ist bange!‘

— ‚Es spricht nicht; es rauscht und toset nur!‘
Das Kind sah ins Weite. ‚Hat es Beine?‘ frug es
wieder; ‚kann es über den Deich kommen?‘

— ‚Nein, Wienke; dafür passt dein Vater auf, er ist
der Deichgraf.‘

‚Ja,‘ sagte das Kind und klatschte mit blödem Lächeln
in seine Händchen; ‚Vater kann alles — alles!‘ Dann
plötzlich, sich von der Mutter abwendend, rief sie: ‚Lass
Wienke zu Trin’ Jans, die hat rote Äpfel!‘

Und Elke öffnete die Tür und liess das Kind hinaus.
Als sie dieselbe wieder geschlossen hatte, schlug sie mit
einem Ausdruck des tiefsten Grams die Augen zu ihrem
Manne auf, aus denen ihm sonst nur Trost und Mut zu
Hilfe gekommen war.

Er reichte ihr die Hand und drückte sie, als ob es
zwischen ihnen keines weiteren Wortes bedürfe; sie aber
sagte leis: ‚Nein, Hauke, lass mich sprechen: das Kind,
das ich nach Jahren dir geboren habe, es wird für immer
ein Kind bleiben. O lieber Gott! es ist schwachsinnig;
ich muss es einmal vor dir sagen.‘

‚Ich wusste es längst,‘ sagte Hauke und hielt die Hand
seines Weibes fest, die sie ihm entziehen wollte.

‚So sind wir denn doch allein geblieben,‘ sprach sie
wieder.

Aber Hauke schüttelte den Kopf: ‚Ich hab’ sie lieb,
und sie schlägt ihre Ärmchen um mich und drückt sich
fest an meine Brust; um alle Schätze wollt’ ich das nicht
missen!‘

Die Frau sah finster vor sich hin: ‚Aber warum?‘
sprach sie; ‚was hab’ ich arme Mutter denn verschuldet?‘

— ‚Ja, Elke, das hab’ ich freilich auch gefragt den,
der allein es wissen kann; aber du weisst ja auch, der All-
mächtige gibt den Menschen keine Antwort — vielleicht, weil wir sie nicht begreifen würden.‘

Er hatte auch die andere Hand seines Weibes gefasst
und zog sie sanft zu sich heran. ‚Lass dich nicht irren,*

97

dein Kind, wie du es tust, zu lieben; sei sicher, das versteht es!'

Da warf sich Elke an ihres Mannes Brust und weinte sich satt und war mit ihrem Leid nicht mehr allein. Dann plötzlich lächelte sie ihn an; nach einem heftigen Händedruck lief sie hinaus und holte sich ihr Kind aus der Kammer der alten Trin' Jans und nahm es auf ihren Schoss und hätschelte und küsste es, bis es stammelnd sagte: ,Mutter, meine liebe Mutter!'

*   *   *

So lebten die Menschen auf dem Deichgrafshofe still beisammen; wäre das Kind nicht dagewesen, es hätte viel gefehlt.

Allmählich verfloss der Sommer; die Zugvögel* waren durchgezogen, die Luft wurde leer vom Gesang der Lerchen; nur vor den Scheunen, wo sie beim Dreschen Körner pickten, hörte man hie und da einige kreischend davonfliegen; schon war alles hart gefroren. In der Küche des Haupthauses sass eines Nachmittags die alte Trin' Jans auf der Holzstufe einer Treppe, die neben dem Feuerherd nach dem Boden lief. Es war in den letzten Wochen, als sei sie aufgelebt; sie kam jetzt gern einmal in die Küche und sah Frau Elke hier hantieren; es war keine Rede mehr davon, dass ihre Beine sie nicht hätten dahin tragen können, seit eines Tages klein Wienke sie an der Schürze hier heraufgezogen hatte. Jetzt kniete das Kind an ihrer Seite und sah mit seinen stillen Augen in die Flammen, die aus dem Herdloch aufflackerten; ihr eines Händchen klammerte sich an den Ärmel der Alten, das andere lag in ihrem eigenen fahlblonden Haar. Trin' Jans erzählte: ,Du weisst,' sagte sie, ,ich stand in Dienst bei deinem Urgrossvater als Hausmagd, und dann musst ich die Schweine füttern; der war klüger als sie alle — da war es, es ist grausam lange her, aber eines Abends, der Mond schien, da liessen sie die Hafschleuse* schliessen, und sie* konnte nicht wieder zurück in See. Oh, wie sie schrie und mit ihren Fischhänden sich in ihre harten, struppigen Haare griff! Ja, Kind, ich sah es und hörte sie selber schreien! Die

98

Gräben zwischen den Fennen waren alle voll Wasser, und der Mond schien darauf, dass sie wie Silber glänzten, und sie schwamm aus einem Graben in den anderen und hob die Arme und schlug, was ihre Hände waren, aneinander, dass man es weither klatschen hörte, als wenn sie beten wollte; aber, Kind, beten können diese Kreaturen nicht. Ich sass vor der Haustür auf ein paar Balken, die zum Bauen angefahren waren, und sah weithin über die Fennen. Und das Wasserweib schwamm noch immer in den Gräben, und wenn sie die Arme aufhob, so glitzerten auch die wie Silber und Demanten.* Zuletzt sah ich sie nicht mehr, und die Wildgänse und Möwen, die ich all die Zeit nicht gehört hatte, zogen wieder mit Pfeifen und Schnattern durch die Luft.'

Die Alte schwieg; das Kind hatte ein Wort sich aufgefangen: ,Konnte sie beten?' frug sie.   ,Was sagst du? Wer war es?'

,Kind,' sagte die Alte, ,die Wasserfrau war es; das sind Undinger, die nicht selig werden können.'

,Nicht selig!' wiederholte das Kind, und ein tiefer Seufzer, als habe sie das verstanden, hob die kleine Brust.

— ,Trin' Jans!' kam eine tiefe Stimme von der Küchentür, und die Alte zuckte leicht zusammen. Es war der Deichgraf Hauke Haien, der dort am Ständer lehnte. ,Was redet Sie dem Kinde vor? Hab' ich Ihr nicht geboten, Ihre Mären für sich zu behalten oder sie den Gäns' und Hühnern zu erzählen?'

Die Alte sah ihn mit einem bösen Blick an und schob die Kleine von sich fort: ,Das sind keine Mären,' murmelte sie in sich hinein, ,das hat mein Grossohm mir erzählt.'

— ,Ihr Grossohm, Trin'?   Sie wollte es ja eben selbst erlebt haben.'

,Das ist egal,' sagte die Alte; ,aber Ihr glaubt nicht, Hauke Haien; Ihr wollt wohl meinen Grossohm noch zum Lügner machen!' Dann rückte sie näher an den Herd und streckte die Hände über die Flammen des Feuerlochs.

Der Deichgraf warf einen Blick gegen das Fenster;

draussen dämmerte es noch kaum. ‚Komm, Wienke!'
sagte er und zog sein schwachsinniges Kind zu sich heran,
‚komm mit mir, ich will dir draussen vom Deich aus
etwas zeigen! Nur müssen wir zu Fuss gehen; der
Schimmel ist beim Schmied.' Dann ging er mit ihr
in die Stube, und Elke band dem Kinde dicke, wollene
Tücher um Hals und Schultern, und bald danach ging
der Vater mit ihr auf dem alten Deiche nach Nordwest
hinauf, Jeverssand vorbei, bis wo die Watten breit, fast
unübersehbar wurden.

Bald hatte er sie getragen, bald ging sie an seiner
Hand; die Dämmerung wuchs allmählich; in der Ferne
verschwand alles in Dunst und Duft. Aber dort, wohin
noch das Auge reichte, hatten die unsichtbar schwellen-
den Wattströme das Eis zerrissen, und, wie Hauke
Haien es in seiner Jugend einst gesehen hatte, aus den
Spalten stiegen wie damals die rauchenden Nebel, und
daran entlang waren wiederum die unheimlichen, när-
rischen Gestalten und hüpften gegeneinander und
dienerten* und dehnten sich plötzlich schreckhaft in die
Breite.

Das Kind klammerte sich angstvoll an seinen Vater und
deckte dessen Hand über sein Gesichtlein: ‚Die Seeteufel!' raunte es zitternd zwischen seine Finger, ‚die
Seeteufel!'

Er schüttelte den Kopf. ‚Nein, Wienke, weder
Wasserweiber noch Seeteufel; so etwas gibt es nicht;
wer hat dir davon erzählt?'

Sie sah mit stumpfem Blicke zu ihm herauf; aber sie
antwortete nicht. Er strich ihr zärtlich über die
Wangen: ‚Sieh nur wieder hin!' sagte er, ‚das sind nur
arme, hungrige Vögel! Sieh nur, wie jetzt der grosse
seine Flügel breitet; die holen sich die Fische, die in die
rauchenden Spalten kommen.'

‚Fische', wiederholte Wienke.

‚Ja, Kind, das alles ist lebig, so wie wir; es gibt nichts
anderes; aber der liebe Gott ist überall!'

Klein Wienke hatte ihre Augen fest auf den Boden
gerichtet und hielt den Atem an; es war, als sähe sie
erschrocken in einen Abgrund. Es war vielleicht nur

so; der Vater blickte lange auf sie hin, er bückte sich und sah in ihr Gesichtlein; aber keine Regung der verschlossenen Seele wurde darin kund. Er hob sie auf den Arm und steckte ihre verklommenen Händchen in einen seiner dicken Wollhandschuhe: ‚So, mein Wienke‘ — und das Kind vernahm wohl nicht den Ton von heftiger Innigkeit in seinen Worten — ‚so, wärm’ dich bei mir! Du bist doch unser Kind, unser einziges. Du hast uns lieb . . .!‘ Die Stimme brach dem Manne; aber die Kleine drückte zärtlich ihr Köpfchen in seinen rauhen Bart.

So gingen sie friedlich heimwärts.

*   *   *

Nach Neujahr war wieder einmal die Sorge in das Haus getreten; ein Marschfieber hatte den Deichgrafen ergriffen; auch mit ihm ging es nah’ am Rand der Grube her, und als er unter Frau Elkes Pfleg’ und Sorge wieder erstanden war, schien er kaum derselbe Mann. Die Mattigkeit des Körpers lag auch auf seinem Geiste, und Elke sah mit Besorgnis, wie er allzeit leicht zufrieden war. Dennoch, gegen Ende des März, drängte es ihn, seinen Schimmel zu besteigen und zum ersten Male wieder auf seinem Deich entlang zu reiten; es war an einem Nachmittage, und die Sonne, die zuvor geschienen hatte, lag längst schon wieder hinter trübem Duft.

Im Winter hatte es ein paarmal Hochwasser gegeben; aber es war nicht von Belang gewesen; nur drüben am anderen Ufer war auf einer Hallig eine Herde Schafe ertrunken und ein Stück vom Vorland abgerissen worden; hier an dieser Seite und am neuen Kooge war ein nennenswerter Schaden nicht geschehen. Aber in der letzten Nacht hatte ein stärkerer Sturm getobt; jetzt musste der Deichgraf selbst hinaus und alles mit eigenem Aug’ besichtigen. Schon war er unten von der Südostecke aus auf dem neuen Deich herumgeritten, und es war alles wohlerhalten; als er aber an die Nordostecke gekommen war, dort wo der neue Deich auf den alten stösst, war zwar der erstere unversehrt, aber wo früher der Priel den alten erreicht hatte und an ihm entlang geflossen war, sah er in grosser Breite die Grasnarbe zerstört und fortgerissen und in dem Körper des Deiches eine von der Flut gewühlte Höhlung, durch welche überdies ein Gewirr von Mäusegängen blossgelegt war. Hauke stieg vom Pferde und besichtigte den Schaden in der Nähe; das Mäuseunheil schien unverkennbar noch unsichtbar weiter fortzulaufen.

Er erschrak heftig; gegen alles dieses hätte schon beim Bau des neuen Deiches Obacht genommen werden müssen; da es damals übersehen worden, so musste es jetzt geschehen! — Das Vieh war noch nicht auf den Fennen, das Gras war ungewohnt zurückgeblieben; wohin er blickte, es sah ihn leer und öde an. Er bestieg wieder sein Pferd und ritt am Ufer hin und her; es war Ebbe, und er gewahrte wohl, wie der Strom von aussen her sich wieder ein neues Bett im Schlick gewühlt hatte und jetzt von Nordwesten auf den alten Deich gestossen war; der neue aber, soweit es ihn traf, hatte mit seinem sanfteren Profile dem Anprall widerstehen können.

Ein Haufen neuer Plag' und Arbeit erhob sich vor der Seele des Deichgrafen; nicht nur der alte Deich musste hier verstärkt, auch dessen Profil dem des neuen angenähert werden; vor allem aber musste der als gefährlich aufgetretene neue Priel durch neu zu legende Dämme oder Lahnungen* abgeleitet werden. Noch einmal ritt er auf dem neuen Deich bis an die äusserste Nordwestecke, dann wieder rückwärts, die Augen unablässig auf das neugewühlte Bett des Prieles heftend, der ihm zur Seite sich deutlich genug in dem blossgelegten Schlickgrund abzeichnete. Der Schimmel drängte vorwärts und schnob und schlug mit den Vorderhufen; aber der Reiter drückte ihn zurück, er wollte langsam reiten, er wollte auch die innere Unruhe bändigen, die immer wilder in ihm aufgor.

Wenn ein Sturmflut wiederkäme — eine, wie 1655 dagewesen, wo Gut und Menschen ungezählt verschlungen wurden —, wenn sie wiederkäme, wie sie schon mehrmals einst gekommen war! — Ein heisser Schauer überrieselte den Reiter — der alte Deich, er

würde den Stoss nicht aushalten, der gegen ihn herauf-
schösse! Was dann, was sollte dann geschehen? — Nur
eines, ein einzig Mittel würde es geben, um vielleicht
den alten Koog und Gut und Leben darin zu retten.
Hauke fühlte sein Herz stillstehen, sein sonst so fester
Kopf schwindelte; er sprach es nicht aus, aber in ihm
sprach es stark genug: Dein Koog, der Hauke-Haien-
Koog müsste preisgegeben und der neue Deich durch-
stochen werden!

Schon sah er im Geist die stürzende Hochflut hereinbrechen und Gras und Klee mit ihrem salzen, schäumenden Gischt bedecken. Ein Sporenstich fuhr in die
Weichen des Schimmels, und einen Schrei ausstossend,
flog er auf dem Deich entlang und dann den Akt hinab,
der deichgräflichen Werfte zu.

Den Kopf voll von innerem Schrecknis und un-
geordneten Plänen kam er nach Hause. Er warf sich
in seinen Lehnstuhl, und als Elke mit der Tochter in das
Zimmer trat, stand er wieder auf und hob das Kind zu
sich empor und küsste es; dann jagte er das gelbe Hündlein mit ein paar leichten Schlägen von sich. ,Ich muss
noch einmal droben nach dem Krug!' sagte er und nahm
seine Mütze vom Türhaken, wohin er sie eben erst
gehängt hatte.

Seine Frau sah ihn sorgvoll an: ,Was willst du dort?
Es wird schon Abend, Hauke!'

,Deichgeschichten!' murmelte er vor sich hin, ,ich
treffe von den Gevollmächtigten dort.'

Sie ging ihm nach und drückte ihm die Hand, denn
er war mit diesen Worten schon zur Tür hinaus. Hauke
Haien, der sonst alles bei sich selber abgeschlossen hatte,
drängte es jetzt, ein Wort von jenen zu erhalten, die er
sonst kaum eines Anteils wert gehalten hatte. Im
Gastzimmer traf er Ole Peters mit zweien der Gevollmächtigten und einem Koogeinwohner am Kartentisch.

,Du kommst wohl von draussen, Deichgraf?' sagte der
erstere, nahm die halb ausgeteilten Karten auf und warf
sie wieder hin.

,Ja, Ole,' erwiderte Hauke, ,ich war dort; es sieht übel
aus.'

‚Übel? — Nun, ein paar hundert Soden* und eine Bestickung wird's wohl kosten; ich war dort auch am Nachmittag.'

‚So wohlfeil wird's nicht abgehen, Ole,' erwiderte der Deichgraf, ‚der Priel ist wieder da, und wenn er jetzt auch nicht von Norden auf den alten Deich stösst, so tut er's doch von Nordwesten!'

‚Du hättst ihn lassen sollen, wo du ihn fandest!' sagte Ole trocken.

‚Das heisst,' entgegnete Hauke, ‚der neue Koog geht dich nichts an; und darum sollte er nicht existieren. Das ist deine eigene Schuld! Aber wenn wir Lahnungen legen müssen, um den alten Deich zu schützen, der grüne Klee hinter dem neuen bringt das übermässig ein!'

‚Was sagt ihr, Deichgraf?' riefen die Gevollmächtigten; ‚Lahnungen? Wie viele denn? Ihr liebt es, alles beim teuersten Ende anzufassen!'

Die Karten lagen unberührt auf dem Tisch. ‚Ich will's dir sagen, Deichgraf,' sagte Ole Peters und stemmte beide Arme auf, ‚dein neuer Koog ist ein fressend Werk, das du uns gestiftet hast! Noch laboriert alles an den schweren Kosten deiner breiten Deiche; nun frisst er uns auch den alten Deich, und wir sollen ihn verneuen!*

— Zum Glück ist's nicht so schlimm; er hat diesmal gehalten und wird es auch noch ferner tun! Steig nur morgen wieder auf deinen Schimmel und sieh es dir noch einmal an!'

Hauke war aus dem Frieden seines Hauses hierher gekommen; hinter den immerhin noch gemässigten Worten, die er eben hörte, lag — er konnte es nicht verkennen — ein zäher Widerstand; ihm war, als fehle ihm dagegen noch die alte Kraft. ‚Ich will tun, wie du es rätst, Ole,' sprach er; ‚nur fürcht' ich, ich werd' es finden, wie ich es heut' gesehen habe.'

— Eine unruhige Nacht folgte diesem Tage; Hauke wälzte sich schlaflos in seinen Kissen. ‚Was fehlt dir?' frug ihn Elke, welche die Sorge um ihren Mann wachhielt; ‚drückt dich etwas, so sprich es von dir, wir haben's ja immer so gehalten!'

‚Es hat nichts auf sich*, Elke!' erwiderte er, ‚am

Deiche, an den Schleusen ist was zu reparieren; du weisst, dass ich das allzeit nachts in mir zu verarbeiten habe.' Weiter sagte er nichts; er wollte sich die Freiheit seines Handelns vorbehalten; ihm unbewusst war die klare Einsicht und der kräftige Geist seines Weibes ihm in seiner augenblicklichen Schwäche ein Hindernis, dem er unwillkürlich auswich.

— — Am folgenden Vormittag, als er wieder auf den Deich hinauskam, war die Welt eine andere, als wie er sie tags zuvor gefunden hatte; zwar war wieder hohl Ebbe, aber der Tag war noch im Steigen, und eine lichte Frühlingssonne liess ihre Strahlen fast senkrecht auf die unabsehbaren Watten fallen; die weissen Möwen schwebten ruhig hin und wieder, und unsichtbar über ihnen, hoch unter dem azurblauen Himmel, sangen die Lerchen ihre ewige Melodie. Hauke, der nicht wusste, wie uns die Natur mit ihrem Reiz betrügen kann, stand auf der Nordwestecke des Deiches und suchte nach dem neuen Bett des Prieles, das ihn gestern so erschreckt hatte, aber bei dem vom Zenit herabschiessenden Sonnenlichte fand er es anfänglich nicht einmal. Erst, da er gegen die blendenden Strahlen seine Augen mit der Hand beschattete, konnte er es nicht verkennen; aber dennoch, die Schatten in der gestrigen Dämmerung mussten ihn getäuscht haben; es kennzeichnete sich jetzt nur schwach, die blossgelegte Mäusewirtschaft musste mehr als die Flut den Schaden in dem Deich veranlasst haben. Freilich, Wandel musste hier geschafft werden, aber durch sorgfältiges Aufgraben und, wie Ole Peters gesagt hatte, durch frische Soden und einige Ruten Strohbestickung war der Schaden auszuheilen.

,Es war so schlimm nicht,' sprach er erleichtert zu sich selber, ,du bist gestern doch dein eigner Narr gewesen!'
— Er berief die Gevollmächtigten, und die Arbeiten wurden ohne Widerspruch beschlossen, was bisher noch nie geschehen war. Der Deichgraf meinte, eine stärkende Ruhe in seinem noch geschwächten Körper sich verbreiten zu fühlen, und nach einigen Wochen war alles sauber ausgeführt.

Das Jahr ging weiter, aber je weiter es ging, und je

ungestörter die neugelegten Rasen durch die Strohdecke grünten, um so unruhiger ging oder ritt Hauke an dieser Stelle vorüber, er wandte die Augen ab, er ritt hart an der Binnenseite des Deiches; ein paarmal, wo er dort hätte vorüber müssen, liess er sein schon gesatteltes Pferd wieder in den Stall zurückführen; dann wieder, wo er nichts dort zu tun hatte, wanderte er, um nur rasch und ungesehen von seiner Werfte fortzukommen, plötzlich und zu Fuss dahin; manchmal auch war er umgekehrt, er hatte es sich nicht zumuten können, die unheimliche Stelle aufs neue zu betrachten; und endlich, mit den Händen hätte er alles wieder aufreissen mögen, denn wie ein Gewissensbiss, der ausser ihm Gestalt gewonnen hatte, lag dies Stück des Deiches ihm vor Augen. Und doch, seine Hand konnte nicht mehr daran rühren; und niemandem, selbst nicht seinem Weibe, durfte er davon reden. So war der September gekommen; nachts hatte ein mässiger Sturm getobt und war zuletzt nach Nordwest umgesprungen. Am trüben Vormittag danach, zur Ebbezeit, ritt Hauke auf den Deich hinaus, und es durchfuhr ihn, als er seine Augen über die Watten schweifen liess; dort, von Nordwest herauf, sah er plötzlich wieder, und schärfer und tiefer ausgewühlt das gespenstische neue Bett des Prieles; so sehr er seine Augen anstrengte, es wollte nicht mehr weichen.

Als er nach Haus kam, ergriff Elke seine Hand. ,Was hast du, Hauke?' sprach sie, als sie in sein düsteres Antlitz sah; ,es ist doch kein neues Unheil? Wir sind jetzt so glücklich; mir ist, du hast nun Frieden mit ihnen allen!'

Diesen Worten gegenüber vermochte er seine verworrene Furcht nicht in Worten kundzugeben.

,Nein, Elke,' sagte er, ,mich feindet niemand an; es ist nur ein verantwortlich Amt, die Gemeinde vor unseres Herrgotts Meer zu schützen.'

Er machte sich los, um weiteren Fragen des geliebten Weibes auszuweichen. Er ging in Stall und Scheuer, als ob er alles revidieren müsse; aber er sah nichts um sich her; er war nur beflissen, seinen Gewissensbiss zur

Ruhe, ihn sich selber als eine krankhaft übertriebene Angst zur Überzeugung zu bringen.

— — „Das Jahr, von dem ich Ihnen erzähle," sagte nach einer Weile mein Gastfreund, der Schulmeister, „war das Jahr 1756, das in dieser Gegend nie vergessen wird; im Hause Hauke Haiens brachte es eine Tote. Zu Ende des September war in der Kammer, welche ihr in der Scheune eingeräumt war, die fast neunzigjährige Trin' Jans am Sterben. Man hatte sie nach ihrem Wunsche in den Kissen aufgerichtet, und ihre Augen gingen durch die kleinen bleigefassten Scheiben in die Ferne; es musste dort am Himmel eine dünnere Luftschicht über einer dichteren liegen, denn es war hohe Kimmung, und die Spiegelung hob in diesem Augenblick das Meer wie einen flimmernden Silberstreifen über den Rand des Deiches, so dass es blendend in die Kammer schimmerte; auch die Südspitze von Jeverssand war sichtbar.

Am Fussende des Bettes kauerte die kleine Wienke und hielt mit der einen Hand sich fest an der ihres Vaters, der daneben stand. In das Antlitz der Sterbenden grub eben der Tod das hippokratische Gesicht,* und das Kind starrte atemlos auf die unheimliche, ihr unverständliche Verwandlung des unschönen, aber ihr vertrauten Angesichts.

‚Was macht sie? Was ist das, Vater?' flüsterte sie angstvoll und grub die Fingernägel in ihres Vaters Hand.

‚Sie stirbt!' sagte der Deichgraf.

‚Stirbt!' wiederholte das Kind und schien in verworrenes Sinnen zu verfallen.

Aber die Alte rührte noch einmal ihre Lippen: ‚Jins! Jins!' und kreischend wie ein Notschrei brach es hervor, und ihre knöchernen Arme streckten sich gegen die draussen flimmernde Meeresspiegelung. ‚Hölp mi! Hölp mi! Du bist ja bawen Water . . . Gott gnad de annern!'*

Ihre Arme sanken, ein leises Krachen der Bettstatt wurde hörbar; sie hatte aufgehört zu leben.

Das Kind tat einen tiefen Seufzer und warf die blassen Augen zu ihrem Vater auf. ‚Stirbt sie noch immer?' frug es.

‚Sie hat es vollbracht!‘ sagte der Deichgraf und nahm das Kind auf seinen Arm, ‚sie ist nun weit von uns, beim lieben Gott.‘

‚Beim lieben Gott!‘ wiederholte das Kind und schwieg eine Weile, als müsse es den Worten nachsinnen. ‚Ist das gut, beim lieben Gott?‘

‚Ja, das ist das Beste.‘ — In Haukes Innerem aber klang schwer die letzte Rede der Sterbenden. ‚Gott gnad de annern!‘ sprach es leise in ihm. ‚Was wollte die alte Hexe? Sind denn die Sterbenden Propheten — —?‘

— — Bald, nachdem Trin' Jans oben bei der Kirche eingegraben war, begann man immer lauter von allerlei Unheil und seltsamem Geschmeiss zu reden, das die Menschen in Nordfriesland erschreckt haben sollte, und sicher war es, am Sonntage Lätare* war droben von der Turmspitze der goldene Hahn durch einen Wirbelwind herabgeworfen worden; auch das war richtig, im Hochsommer fiel, wie ein Schnee, ein gross Geschmeiss vom Himmel, dass man die Augen davor nicht auftun konnte und es hernach fast handhoch auf den Fennen lag, und hatte niemand je so was gesehen. Als aber nach Ende September der Grossknecht mit Korn und die Magd Ann Grete mit Butter in die Stadt zu Markt gefahren waren, kletterten sie bei ihrer Rückkunft mit schreckensbleichen Gesichtern von ihrem Wagen. ‚Was ist? Was habt ihr?‘ riefen die anderen Dirnen, die hinausgelaufen waren, da sie den Wagen rollen hörten.

Ann Grete in ihrem Reiseanzug trat atemlos in die geräumige Küche. ‚Nun, so erzähl' doch!‘ riefen die Dirnen wieder, ‚wo ist das Unglück los?‘

‚Ach, unser lieber Jesus wolle uns behüten!‘ rief Ann Grete. ‚Ihr wisst, von drüben, überm Wasser, das alt' Mariken vom Ziegelhof, wir stehen mit unserer Butter ja allzeit zusammen an der Apothekerecke, die hat es mir erzählt, und Iven Johns sagte auch, das gibt ein Unglück! sagte er; ein Unglück über ganz Nordfriesland; glaub mir's, Ann Gret! Und‘ — sie dämpfte ihre Stimme — ‚mit des Deichgrafs Schimmel ist's am Ende auch nicht richtig!‘

‚Scht! scht!' machten die anderen Dirnen.

— ‚Ja, ja; was kümmert's mich! Aber drüben, an der anderen Seite geht's noch schlimmer als bei uns! Nicht bloss Fliegen und Geschmeiss, auch Blut ist wie Regen vom Himmel gefallen, und da am Sonntagmorgen danach der Pastor sein Waschbecken vorgenommen hat, sind fünf Totenköpfe, wie Erbsen gross, darin gewesen, und alle sind gekommen, um das zu sehen; im Monat Augusti sind grausige, rotköpfige Raupenwürmer über das Land gezogen und haben Korn und Mehl und Brot und, was sie fanden, weggefressen, und hat kein Feuer sie vertilgen können!'

Die Erzählerin verstummte plötzlich; keine der Mägde hatte bemerkt, dass die Hausfrau in die Küche getreten war. ‚Was redet ihr da?' sprach diese. ‚Lasst das den Wirt nicht hören!' Und da sie alle jetzt erzählen wollten: ‚Es tut nicht not; ich habe genug davon vernommen; geht an eure Arbeit, das bringt euch besseren Segen!' Dann nahm sie Ann Grete mit sich in die Stube und hielt mit dieser Abrechnung über ihre Marktgeschäfte.

So fand im Hause des Deichgrafen das abergläubische Geschwätz bei der Herrschaft keinen Anhalt; aber in die übrigen Häuser, und je länger die Abende wurden, um desto leichter drang es mehr und mehr hinein. Wie schwere Luft lag es auf allen, und heimlich sagte man sich, ein Unheil, ein schweres, würde über Nordfriesland kommen.

*   *   *

Es war vor Allerheiligen, im Oktober. Tagsüber hatte es stark aus Südwest gestürmt; abends stand ein halber Mond am Himmel, dunkelbraune Wolken jagten überhin, und Schatten und trübes Licht flogen auf der Erde durcheinander; der Sturm war im Wachsen. Im Zimmer des Deichgrafen stand noch der geleerte Abendtisch; die Knechte waren in den Stall gewiesen, um dort des Viehes zu achten; die Mägde mussten am Hause und auf den Böden nachsehen, ob Türen und Luken wohl verschlossen seien, dass nicht der Sturm hineinfasse und

Unheil anrichte. Drinnen stand Hauke neben seiner Frau am Fenster; er hatte eben sein Abendbrot hinabgeschlungen; er war draussen auf dem Deich gewesen. Zu Fusse war er hinausgetrabt, schon früh am Nachmittag; spitze Pfähle und Säcke voll Klei und Erde hatte er hie und dort, wo der Deich eine Schwäche zu verraten schien, zusammentragen lassen; überall hatte er Leute angestellt, um die Pfähle einzurammen und mit den Säcken vorzudämmen, sobald die Flut den Deich zu schädigen beginne; an dem Winkel zu Nordwesten, wo der alte und der neue Deich zusammenstiessen, hatte er die meisten Menschen hingestellt; nur im Notfall durften sie von den angewiesenen Plätzen weichen. Das hatte er zurückgelassen; dann, vor kaum einer Viertelstunde, nass, zerzaust, war er in seinem Hause angekommen, und jetzt, das Ohr nach den Windböen, welche die in Blei gefassten Scheiben rasseln machten, blickte er wie gedankenlos in die wüste Nacht hinaus; die Wanduhr hinter ihrer Glasscheibe schlug eben acht. Das Kind, das neben der Mutter stand, fuhr zusammen und barg den Kopf in deren Kleider. ,Claus!' rief sie weinend, ,wo ist mein Claus?'

Sie konnte wohl so fragen, denn die Möwe hatte, wie schon im vorigen Jahre, so auch jetzt ihre Winterreise nicht mehr angetreten. Der Vater überhörte die Frage; die Mutter aber nahm das Kind auf ihren Arm. ,Dein Claus ist in der Scheune,' sagte sie, ,da sitzt er warm.'

,Warum?' sagte Wienke, ,ist das gut?'

— ,Ja, das ist gut.'

Der Hausherr stand noch am Fenster: ,Es geht nicht länger, Elke!' sagte er; ,ruf' eine von den Dirnen; der Sturm drückt uns die Scheiben ein, die Luken müssen angeschroben werden!'

Auf das Wort der Hausfrau war die Magd hinausgelaufen; man sah vom Zimmer aus, wie ihr die Röcke flogen; aber als sie die Klammern gelöst hatte, riss ihr der Sturm den Laden aus der Hand und warf ihn gegen die Fenster, dass ein paar Scheiben zersplittert in die Stube flogen und eins der Lichter qualmend auslosch. Hauke musste selbst hinaus, zu helfen, und nur mit Not kamen allmählich die Luken vor die Fenster. Als sie beim Wiedereintritt in das Haus die Tür aufrissen, fuhr eine Böe hinterdrein, dass Glas und Silber im Wandschrank durcheinander klirrten; oben im Hause über ihren Köpfen zitterten und krachten die Balken, als wolle der Sturm das Dach von den Mauern reissen. Aber Hauke kam nicht wieder in das Zimmer; Elke hörte, wie er durch die Tenne nach dem Stalle schritt. ,Den Schimmel! Den Schimmel, John! Rasch!' So hörte sie ihn rufen; dann kam er wieder in die Stube, das Haar zerzaust, aber die grauen Augen leuchtend. ,Der Wind ist umgesprungen!' rief er — ,nach Nordwest, auf halber Springflut! Kein Wind — wir haben solchen Sturm noch nicht erlebt!'

Elke war totenblass geworden. ,Und du musst noch einmal hinaus?'

Er ergriff ihre beiden Hände und drückte sie wie im Krampfe in die seinen: ,Das muss ich, Elke.'

Sie erhob langsam ihre dunklen Augen zu ihm, und ein paar Sekunden lang sahen sie sich an; doch war's wie eine Ewigkeit. ,Ja, Hauke,' sagte das Weib; ,ich weiss es wohl, du musst!'

Da trabte es draussen vor der Haustür. Sie fiel ihm um den Hals, und einen Augenblick war's, als könne sie ihn nicht lassen; aber auch das war nur ein Augenblick. ,Das ist unser Kampf!' sprach Hauke; ,ihr seid hier sicher; an dies Haus ist noch keine Flut gestiegen. Und bete zu Gott, dass er auch mit mir sei!'

Hauke hüllte sich in seinen Mantel, und Elke nahm ein Tuch und wickelte es ihm sorgsam um den Hals; sie wollte ein Wort sprechen, aber die zitternden Lippen versagten es ihr.

Draussen wieherte der Schimmel, dass es wie Trompetenschall in das Heulen des Sturmes hineinklang. Elke war mit ihrem Mann hinausgegangen; die alte Esche knarrte, als ob sie auseinanderstürzen solle. ,Steigt auf, Herr!' rief der Knecht, ,der Schimmel ist wie toll; die Zügel könnten reissen.' Hauke schlug die Arme um sein Weib: ,Bei Sonnenaufgang bin ich wieder da!'

Schon war er auf sein Pferd gesprungen; das Tier stieg mit den Vorderhufen in die Höhe, dann, gleich einem Streithengst, der sich in die Schlacht stürzt, jagte es mit seinem Reiter die Werfte hinunter, in Nacht und Sturmwind hinaus. ‚Vater, mein Vater!' schrie eine klägliche Kinderstimme hinter ihm darein, ‚mein lieber Vater!'

Wienke war im Dunkeln hinter dem Fortjagenden hergelaufen; aber schon nach hundert Schritten strauchelte sie über einen Erdhaufen und fiel zu Boden.

Der Knecht Iven Johns brachte das weinende Kind der Mutter zurück; die lehnte am Stamme der Esche, deren Zweige über ihr die Luft peitschten, und starrte wie abwesend in die Nacht hinaus, in der ihr Mann verschwunden war; wenn das Brüllen des Sturmes und das ferne Klatschen des Meeres einen Augenblick aussetzten, fuhr sie wie in Schreck zusammen; ihr war jetzt, als suche alles nur ihn zu verderben und werde jäh verstummen, wenn es ihn gefasst habe. Ihre Knie zitterten, ihre Haare hatte der Sturm gelöst und trieb damit sein Spiel. ‚Hier ist das Kind, Frau!' schrie John ihr zu, ‚haltet es fest!' und drückte die Kleine der Mutter in den Arm.

‚Das Kind? — Ich hatte dich vergessen, Wienke!' rief sie; ‚Gott verzeih' mir's.' Dann hob sie es an ihre Brust, so fest nur Liebe fassen kann, und stürzte mit ihr in die Knie: ‚Herr Gott und du, mein Jesus, lass uns nicht Witwe und nicht Waise werden! Schütz' ihn, o lieber Gott; nur du und ich, wir kennen ihn allein!' Und der Sturm setzte nicht mehr aus; es tönte und donnerte, als solle die ganze Welt in ungeheurem Hall und Schall zugrunde gehen.

‚Geht in das Haus, Frau!' sagte John; ‚kommt!' und er half ihnen auf und leitete die beiden in das Haus und in die Stube.

— — Der Deichgraf Hauke Haien jagte auf seinem Schimmel dem Deiche zu. Der schmale Weg war grundlos, denn die Tage vorher war unermesslicher Regen gefallen; aber der nasse, saugende Klei schien gleichwohl die Hufe des Tieres nicht zu halten; es war, als hätte es festen Sommerboden unter sich. Wie eine wilde Jagd trieben die Wolken am Himmel; unten lag die weite Marsch wie eine unerkennbare, von unruhigen Schatten erfüllte Wüste; von dem Wasser hinter dem Deiche, immer ungeheurer, kam ein dumpfes Tosen, als müsse es alles andere verschlingen. ,Vorwärts, Schimmel!' rief Hauke; ,wir reiten unseren schlimmsten Ritt!'

Da klang es wie ein Todesschrei unter den Hufen seines Rosses. Er riss den Zügel zurück; er sah sich um. Ihm zur Seite dicht über dem Boden, halb fliegend, halb vom Sturme geschleudert, zog eine Schar von weissen Möwen, ein höhnisches Gegacker ausstossend; sie suchten Schutz im Lande. Eine von ihnen — der Mond schien flüchtig durch die Wolken — lag am Weg zertreten; dem Reiter war's, als flattere ein rotes Band an ihrem Halse. ,Claus!' rief er. ,Armer Claus!'

War es der Vogel seines Kindes? Hatte er Ross und Reiter erkannt und sich bei ihnen bergen wollen? — Der Reiter wusste es nicht. ,Vorwärts!' rief er wieder, und schon hob der Schimmel zu neuem Rennen seine Hufe; da setzte der Sturm plötzlich aus, eine Totenstille trat an seine Stelle. Nur eine Sekunde lang, dann kam er mit erneuter Wut zurück; aber Menschenstimmen und verlorenes Hundegebell waren inzwischen an des Reiters Ohr geschlagen, und als er rückwärts nach seinem Dorf den Kopf wandte, erkannte er in dem Mondlicht, das hervorbrach, auf den Werften und vor den Häusern Menschen, an hochbeladenen Wagen umherhantierend; er sah, wie im Fluge, noch andere Wagen eilend nach der Geest hinauffahren; Gebrüll von Rindern traf sein Ohr, die aus den warmen Ställen nach dort hinaufgetrieben wurden. ,Gott Dank! sie sind dabei, sich und ihr Vieh zu retten!' rief es in ihm, und dann mit einem Angstschrei: ,Mein Weib! Mein Kind! — Nein, nein; auf unsere Werfte steigt das Wasser nicht!'

Aber nur einen Augenblick war es; nur wie eine Vision flog alles an ihm vorbei.

Eine furchtbare Böe kam brüllend vom Meer herüber, und ihr entgegen stürmten Ross und Reiter den schmalen Akt zum Deich hinan. Als sie oben waren, stoppte

Hauke mit Gewalt sein Pferd. Aber wo war das Meer? Wo Jeverssand? Wo blieb das Ufer drüben? — — Nur Berge von Wasser sah er vor sich, die dräuend gegen den nächtlichen Himmel stiegen, die in der furchtbaren Dämmerung sich übereinander zu türmen suchten und übereinander gegen das feste Land schlugen. Mit weissen Kronen kamen sie daher, heulend, als sei in ihnen der Schrei alles furchtbaren Raubgetiers der Wildnis. Der Schimmel schlug mit den Vorderhufen und schnob mit seinen Nüstern in den Lärm hinaus; den Reiter aber wollte es überfallen, als sei hier alle Menschenmacht zu Ende; als müsse jetzt die Nacht, der Tod, das Nichts hereinbrechen.

Doch er besann sich: es war ja Sturmflut; nur hatte er sie selbst noch nimmer so gesehen; sein Weib, sein Kind, sie sassen sicher auf der hohen Werfte in dem festen Hause; sein Deich aber — und wie ein Stolz flog es ihm durch die Brust — der Hauke-Haien-Deich, wie ihn die Leute nannten, der mochte jetzt beweisen, wie man Deiche bauen müsse!

Aber — was war das? — Er hielt an dem Winkel zwischen beiden Deichen; wo waren die Leute, die er hierher gestellt, die hier die Wacht zu halten hatten? — Er blickte nach Norden den alten Deich hinan; denn auch dorthin hatte er einzelne beordert. Weder hier noch dort vermochte er einen Menschen zu erblicken; er ritt ein Stück hinaus, aber er blieb allein; nur das Wehen des Sturmes und das Brausen des Meeres bis aus unermessener Ferne schlug betäubend an sein Ohr. Er wandte das Pferd zurück; er kam wieder zu der verlassenen Ecke und liess seine Augen längs der Linie des neuen Deiches gleiten; er erkannte deutlich: langsamer, weniger gewaltig rollten hier die Wellen heran; fast schien's, als wäre dort ein ander Wasser. ‚Der soll schon stehen!' murmelte er, und wie ein Lachen stieg es in ihm herauf.

Aber das Lachen verging ihm, als seine Blicke weiter an der Linie seines Deichs entlang glitten. An der Nordwestecke — was war das dort? Ein dunkler Haufen wimmelte durcheinander: er sah, wie es sich emsig rührte und drängte — kein Zweifel, es waren Menschen! Was wollten, was arbeiteten die jetzt an seinem Deiche? — Und schon sassen seine Sporen dem Schimmel in den Weichen, und das Tier flog mit ihm dahin; der Sturm kam von der Breitseite; mitunter drängten die Böen so gewaltig, dass sie fast vom Deiche in den neuen Koog hinabgeschleudert wären; aber Ross und Reiter wussten, wo sie ritten. Schon gewahrte Hauke, dass wohl ein paar Dutzend Menschen in eifriger Arbeit dort beisammen seien, und schon sah er deutlich, dass eine Rinne quer durch den neuen Deich gegraben war. Gewaltsam stoppte er sein Pferd: ‚Halt!‘ schrie er; ‚halt! Was treibt ihr hier für Teufelsunfug?‘

Sie hatten in Schreck die Spaten ruhen lassen, als sie auf einmal den Deichgraf unter sich gewahrten; seine Worte hatte der Sturm ihnen zugetragen, und er sah wohl, dass mehrere ihm zu antworten strebten; aber er gewahrte nur ihre heftigen Gebärden, denn sie standen alle ihm zur Linken, und was sie sprachen, nahm der Sturm hinweg, der hier draussen jetzt die Menschen mitunter wie im Taumel gegeneinander warf, so dass sie sich dicht zusammenscharten. Hauke mass mit seinen raschen Augen die gegrabene Rinne und den Stand des Wassers, das, trotz des neuen Profils, fast an die Höhe des Deiches hinaufklatschte und Ross und Reiter überspritzte. Nur noch zehn Minuten Arbeit — er sah es wohl — dann brach die Hochflut durch die Rinne, und der Hauke-Haien-Koog wurde vom Meer begraben!

Der Deichgraf winkte einem der Arbeiter an die andere Seite seines Pferdes. ‚Nun, so sprich!‘ schrie er, was treibt ihr hier, was soll das heissen?‘

Und der Mensch schrie dagegen: ‚Wir sollen den neuen Deich durchstechen, Herr! damit der alte Deich nicht bricht!‘

‚Was sollt ihr?‘

— ‚Den neuen Deich durchstechen!‘

‚Und den Koog verschütten? — Welcher Teufel hat euch das befohlen?‘

‚Nein, Herr, kein Teufel; der Gevollmächtigte Ole Peters ist hier gewesen, der hat's befohlen!‘

Der Zorn stieg dem Reiter in die Augen: ‚Kennt ihr mich?‘ schrie er.   ‚Wo ich bin, hat Ole Peters nichts zu ordinieren!* Fort mit euch!   An eure Plätze, wo ich euch hingestellt!‘

Und da sie zögerten, sprengte er mit seinem Schimmel zwischen sie: ‚Fort, zu eurer oder des Teufels Grossmutter!‘

‚Herr, hütet euch!‘ rief einer aus dem Haufen und stiess mit seinem Spaten gegen das wie rasend sich gebärdende Tier; aber ein Hufschlag schleuderte ihm den Spaten aus der Hand, ein anderer stürzte zu Boden. Da plötzlich erhob sich ein Schrei aus dem übrigen Haufen, ein Schrei, wie ihn nur die Todesangst einer Menschenkehle zu entreissen pflegt; einen Augenblick war alles, auch der Deichgraf und der Schimmel, wie gelähmt; nur ein Arbeiter hatte gleich einem Wegweiser seinen Arm gestreckt; der wies nach der Nordwestecke der beiden Deiche, dort wo der neue auf den alten stiess. Nur das Tosen des Sturmes und das Rauschen des Wassers war zu hören.   Hauke drehte sich im Sattel; was gab das dort?   Seine Augen wurden gross: ‚Herr Gott!   Ein Bruch!   Ein Bruch im alten Deich!‘

‚Eure Schuld, Deichgraf!‘ schrie eine Stimme aus dem Haufen, ‚Eure Schuld!   Nehmt's mit vor Gottes Thron!‘

Haukes zornrotes Antlitz war totenbleich geworden; der Mond, der es beschien, konnte es nicht bleicher machen; seine Arme hingen schlaff, er wusste kaum, dass er den Zügel hielt.   Aber auch das war nur ein Augenblick; schon richtete er sich auf, ein hartes Stöhnen brach aus seinem Munde; dann wandte er stumm sein Pferd, und der Schimmel schnob und raste ostwärts auf dem Deich mit ihm dahin.   Des Reiters Augen flogen scharf nach allen Seiten; in seinem Kopfe wühlten die Gedanken.   Was hatte er für Schuld vor Gottes Thron zu tragen? — Der Durchstich des neuen Deichs — vielleicht, sie hätten's fertiggebracht, wenn er sein Halt nicht gerufen hätte; aber — es war noch eins, und es schoss ihm heiss zu Herzen, er wusste es nur zu gut — im vorigen Sommer, hätte damals Ole Peters' böses Maul

ihn nicht zurückgehalten — da lag's! Er allein hatte
die Schwäche des alten Deichs erkannt; er hätte trotz
alledem das neue Werk betreiben müssen! ‚Herr Gott,
ja ich bekenn' es,' rief er plötzlich laut in den Sturm
hinaus, ‚ich habe meines Amtes schlecht gewartet!'

Zu seiner Linken, dicht an des Pferdes Hufen, tobte
das Meer; vor ihm, und jetzt in voller Finsternis, lag der
alte Koog mit seinen Werften und heimatlichen Häusern;
das bleiche Himmelslicht war völlig ausgetan; nur von
einer Stelle brach ein Lichtschein durch das Dunkel.
Und wie ein Trost kam es an des Mannes Herz; es musste
von seinem Haus herüberscheinen, es war ihm wie ein
Gruss von Weib und Kind. Gottlob, die sassen sicher
auf der hohen Werfte! Die anderen, gewiss, sie waren
schon im Geestdorf droben; von dorther schimmerte so
viel Lichtschein, wie er niemals noch gesehen hatte;
ja selbst hoch oben aus der Luft, es mochte wohl vom
Kirchturm sein, brach solcher in die Nacht hinaus. ‚Sie
werden alle fort sein, alle!' sprach Hauke bei sich selber;
‚freilich auf mancher Werfte wird ein Haus in Trümmern
liegen, schlechte Jahre werden für die überschwemmten
Fennen kommen, Siele und Schleusen zu reparieren sein!
Wir müssen's tragen, und ich will helfen, auch denen, die
mir Leids getan; nur, Herr, mein Gott, sei gnädig mit
uns Menschen!'

Da warf er seine Augen seitwärts nach dem neuen
Koog; um ihn schäumte das Meer; aber in ihm lag es
wie nächtlicher Friede. Ein unwillkürliches Jauchzen
brach aus des Reiters Brust: ‚Der Hauke-Haien-Deich,
er soll schon halten; er wird es noch nach hundert
Jahren tun!'

Ein donnerartiges Rauschen zu seinen Füssen weckte
ihn aus diesen Träumen; der Schimmel wollte nicht
mehr vorwärts. Was war das? — Das Pferd sprang
zurück, und er fühlte es, ein Deichstück stürzte vor ihm
in die Tiefe. Er riss die Augen auf und schüttelte alles
Sinnen von sich: er hielt am alten Deich, der Schimmel
hatte mit den Vorderhufen schon darauf gestanden.
Unwillkürlich riss er das Pferd zurück; da flog der letzte
Wolkenmantel von dem Mond, und das milde Gestirn

beleuchtete den Graus, der schäumend, zischend vor ihm in die Tiefe stürzte, in den alten Koog hinab.

Wie sinnlos starrte Hauke darauf hin; eine Sündflut war's, um Tier und Menschen zu verschlingen. Da blinkte wieder ihm der Lichtschein in die Augen; es war derselbe, den er vorhin gewahrt hatte; noch immer brannte der auf seiner Werfte; und als er jetzt ermutigt in den Koog hinabsah, gewahrte er wohl, dass hinter dem sinnverwirrenden Strudel, der tosend vor ihm hinabstürzte, nur noch eine Breite von etwa hundert Schritten überflutet war; dahinter konnte er deutlich den Weg erkennen, der vom Koog heranführte. Er sah noch mehr: ein Wagen, nein, eine zweiräderige Karriole kam wie toll gegen den Deich herangefahren; ein Weib, ja auch ein Kind sassen darin. Und jetzt — war das nicht das kreischende Gebell eines kleinen Hundes, das im Sturm vorüberflog? Allmächtiger Gott! Sein Weib, sein Kind waren es; schon kamen sie dicht heran, und die schäumende Wassermasse drängte auf sie zu. Ein Schrei, ein Verzweiflungsschrei brach aus der Brust des Reiters: ‚Elke!‘ schrie er; ‚Elke! Zurück! Zurück!‘

Aber Sturm und Meer waren nicht barmherzig, ihr Toben zerwehte seine Worte; nur seinen Mantel hatte der Sturm erfasst, es hätte ihn bald vom Pferd herabgerissen; und das Fuhrwerk flog ohne Aufenthalt der stürzenden Flut entgegen. Da sah er, dass das Weib wie gegen ihn hinauf die Arme streckte. Hatte sie ihn erkannt? Hatte die Sehnsucht, die Todesangst um ihn sie aus dem sicheren Haus getrieben? Und jetzt — rief sie ein letztes Wort ihm zu? — Die Fragen fuhren durch sein Hirn, sie blieben ohne Antwort; von ihr zu ihm, von ihm zu ihr waren die Worte all verloren; nur ein Brausen wie vom Weltuntergang füllte ihre Ohren und liess keinen anderen Laut hinein.

‚Mein Kind! O Elke, o getreue Elke!‘ schrie Hauke in den Sturm hinaus. Da sank aufs neue ein grosses Stück des Deiches vor ihm in die Tiefe, und donnernd stürzte das Meer sich hinterdrein; noch einmal sah er drunten den Kopf des Pferdes, die Räder des Gefährtes aus dem wüsten Greuel emportauchen und dann quirlend

darin untergehen. Die starren Augen des Reiters, der
so einsam auf dem Deiche hielt, sahen weiter nichts.
‚Das Ende!‘ sprach er leise vor sich hin; dann ritt er an
den Abgrund, wo unter ihm die Wasser, unheimlich
rauschend, sein Heimatdorf zu überfluten begannen;
noch immer sah er das Licht von seinem Hause schimmern; es war ihm wie entseelt. Er richtete sich hoch
auf und stiess dem Schimmel die Sporen in die Weichen;
das Tier bäumte sich, es hätte sich fast überschlagen;
aber die Kraft des Mannes drückte es herunter. ‚Vorwärts!‘ rief er noch einmal, wie er es so oft zum festen
Ritt gerufen hatte: ‚Herr Gott, nimm mich; verschon'
die anderen!‘

Noch ein Sporenstich, ein Schrei des Schimmels, der
Sturm und Wellenbrausen überschrie; dann unten aus
dem hinabstürzenden Strom ein dumpfer Schall, ein
kurzer Kampf.

Der Mond sah leuchtend aus der Höhe; aber unten
auf dem Deiche war kein Leben mehr als nur die wilden
Wasser, die bald den alten Koog fast völlig überflutet
hatten. Noch immer aber ragte die Werfte von Hauke
Haiens Hofstatt aus dem Schwall hervor, noch schimmerte von dort der Lichtschein, und von der Geest her,
wo die Häuser allmählich dunkel wurden, warf noch die
einsame Leuchte aus dem Kirchturm ihre zitternden
Lichtfunken über die schäumenden Wellen.“

*   *   *

Der Erzähler schwieg; ich griff nach dem gefüllten
Glase, das seit lange vor mir stand; aber ich führte es
nicht zum Munde; meine Hand blieb auf dem Tische
ruhen.

„Das ist die Geschichte von Hauke Haien,“ begann
mein Wirt noch einmal, „wie ich sie nach bestem Wissen
nur berichten konnte. Freilich, die Wirtschafterin unseres Deichgrafen würde sie Ihnen anders erzählt haben;
denn auch das weiss man zu berichten: jenes weisse
Pferdgerippe ist nach der Flut wiederum, wie vormals,
im Mondschein auf Jevershallig zu sehen gewesen; das
ganze Dorf will·es gesehen haben. — Soviel ist sicher:

Hauke Haien mit Weib und Kind ging unter in dieser Flut; nicht einmal ihre Grabstätte hab' ich droben auf dem Kirchhof finden können; die toten Körper werden von dem abströmenden Wasser durch den Bruch ins Meer hinausgetrieben und auf dessen Grunde allmählich in ihre Urbestandteile aufgelöst sein — so haben sie Ruhe vor den Menschen gehabt. Aber der Hauke-Haien-Deich steht noch jetzt nach hundert Jahren, und wenn Sie morgen nach der Stadt reiten und die halbe Stunde Umweg nicht scheuen wollen, so werden Sie ihn unter den Hufen Ihres Pferdes haben.

Der Dank, den einstmals Jewe Manners bei den Enkeln seinem Erbauer versprochen hatte, ist, wie Sie gesehen haben, ausgeblieben; denn so ist es, Herr: dem Sokrates gaben sie ein Gift zu trinken, und unseren Herrn Christus schlugen sie an das Kreuz! Das geht in den letzten Zeiten nicht mehr so leicht; aber — einen Gewaltmenschen oder einen bösen, stiernackigen Pfaffen zum Heiligen oder einen tüchtigen Kerl, nur weil er uns um Kopfeslänge überwachsen war, zum Spuk und Nachtgespenst zu machen — das geht noch alle Tage."

Als das ernsthafte Männlein das gesagt hatte, stand es auf und horchte nach draussen. „Es ist dort etwas anders worden," sagte er und zog die Wolldecke vom Fenster; es war heller Mondschein. „Seht nur," fuhr er fort, „dort kommen die Gevollmächtigten zurück; aber sie zerstreuen sich, sie gehen nach Hause; — drüben am anderen Ufer muss ein Bruch geschehen sein; das Wasser ist gefallen."

Ich blickte neben ihm hinaus; die Fenster hier oben lagen über dem Rand des Deiches; es war, wie er gesagt hatte. Ich nahm mein Glas und trank den Rest: „Haben Sie Dank für diesen Abend!" sagte ich; „ich denk', wir können ruhig schlafen!"

„Das können wir," entgegnete der kleine Herr; „ich wünsche von Herzen eine wohlschlafende Nacht!"

— — Beim Hinabgehen traf ich unten auf dem Flur den Deichgrafen; er wollte noch eine Karte, die er in der Schenkstube gelassen hatte, mit nach Hause nehmen. „Alles vorüber!" sagte er. „Aber unser Schulmeister hat Ihnen wohl schön was weisgemacht; er gehört zu den Aufklärern!"

— „Er scheint ein verständiger Mann!"

„Ja, ja, gewiss; aber Sie können Ihren eigenen Augen doch nicht misstrauen, und drüben an der anderen Seite, ich sagte es ja voraus, ist der Deich gebrochen!"

Ich zuckte die Achseln: „Das muss beschlafen werden! Gute Nacht, Herr Deichgraf!"

Er lachte: „Gute Nacht!"

— — Am anderen Morgen, beim goldensten Sonnenlichte, das über einer weiten Verwüstung aufgegangen war, ritt ich über den Hauke-Haien-Deich zur Stadt hinunter.

NOTES

The numbers refer to pages.

In *Der Schimmelreiter* Storm's idiom is sometimes at variance with pure High German usage. For example: *ein gut Stück, ein schwer Stück,* in place of *ein gutes Stück, ein schweres Stück,* and *ein gross Teil, ein verantwortlich Amt,* instead of *ein grosses Teil* (or *einen grossen Teil*) and *ein verantwortliches Amt.*

1. **vor reichlich einem halben Jahrhundert,** a good fifty years ago.
   die Marsch, fen.
   Wattenmeer, low water, shallows. Water lying between mainland and the islands on the Friesian coast. The retreating tide lays bare stretches of mud and sand in these shallows.
   Hallig, small island, not protected by dikes, especially off the North Sea coast.
2. **verklommen,** numb with cold.
   Harden, rural district, parish (consisting of several villages).
   Bö, violent gust of wind, squall.
3. **Binnenseite,** side of the dike facing the land.
   Koog, land reclaimed from the sea by making a dike.
   Wehle, pool on the inside of a dike, or hollow made by sea-water under a dike.
   Werfte, man-made mounds in the fen upon which the inhabitants build their houses, to protect them against flooding.
   Binnendeich, inner dike. These are usually dikes that have been made superfluous by the construction of others farther out to sea.
4. **Is wull so wat,** *Ist wohl so was . . . Deichgraf und Bevollmächtigte und (welche) einige von den andern Interessenten. Das ist des hohen Wassers wegen.*
   Diekgraf, *Deichgraf,* dike overseer, honorary superintendent of matters connected with the dikes of a district.
   Gevollmächtigte, *Bevollmächtigte,* dike wardens.

Interessenten, interested parties—because their lands adjoin the dikes.

die Deiche werden ihre Not haben, the dikes will be hard put to it.

5. **hat es auch denen gegolten,** they came in for it too, it went for them too.

vorgefasst sein, be prepared.

es beschaffen würde, would do it.

6. **will ich gern zu Willen sein,** I will gladly do what you want.

Siel, sluice.

Bussole, ship's compass (from French *boussole*).

Fennen, fens. Marsh-lands contained by ditches and used for pasture.

zu ritzen und zu prickeln, drawing and pricking (with dividers) his plans ; *ritzen,* early form of *reissen*= *zeichnen;* retained as in *Reissbrett,* drawing-board ; *ritzen* in High German=to scratch.

Fibel, primer, spelling book.

7. **Boden,** attic.

8. **auf einen grünen Zweig kommen,** prosper.

Martini, St. Martin's day, Nov. 11th.

Vesper, evening ; here : supper.

versaufen, to drown (more commonly *ertrinken*).

9. **Wunderkind,** prodigy.

Haf, (Friesian) sea ; not to be confused with *Haff*—a lagoon-like formation on the Baltic coast.

Allerheiligentag, All Saints' Day (Nov. 1st).

Äquinoktialstürme, equinoctial gales (in March and September).

10. **Kleierde,** a particularly heavy clay from reclaimed land.

Profil, profile, shape of the dike in section.

Watten, mud flats.

gnidderschwarz, black as pitch.

12. **Pull,** clump.

13. **einsegnen,** confirm.

Angorakater, Angora (tom) cat.

Kate, small thatched cottage.

Geest, high, dry land.

14. **apportierender Jagdhund,** retriever.

umschicht, in turns, my turn today.

eben fürbass wollte, was about to go on.

15. **Porrenfangen,** crab-catching.
    blaukariert, blue-checked.
    Triftweg, cattle track.

16. **Lebigs**—*Lebendiges.*

17. **Christian der Vierte,** Christian IV, King of Denmark,
    1588–1648.
    tut wohl, makes up for.
    Racker, knacker.
    Bettbühr, pillow-case.
    stakte, stalked.
    dem Jungen schoss es heiss ins Gesicht, the young
    man flushed.
    sich einen Dienst besorgen, to get a job.

18. **Met,** mead.
    Weizenkringel, wheat cracker, kind of biscuit.
    Tabaksknote, quid of tobacco.

19. **angerufen,** challenged.
    osten, *östlich,* eastward.
    aufgeschossen, tall.

20. **dösig,** silly.
    schlanterig, not fully developed, not completely filling
    out his clothes.
    Pesel, parlour.

21. **Leibvogel,** favourite bird.
    Bengel, lout.
    Mopsbraten, blockhead.
    gebörnt, watered.
    den Kopf im Nacken, head in the air.

22. **denn . . . . verschleissen,** for in the third generation
    the family ability is supposed to dry up (*cf.* clogs to clogs
    in three generations).
    Nicht für ungut, no harm meant.

23. **Grossknecht,** head farm-labourer, as opposed to
    Kleinknecht.
    beikommen, get at.
    dem ging es von der Hand, it was easy for him.

24. **Revision,** audit.
    Uns' Weert,—*unser Wirt,* Master.
    Trense, snaffle rein.
    kurz und klein haben, smash up.

25. **hielt es nur mit Katzen,** only liked cats.
    zieht, rears.

in den Binnenweg kommen, come out on to the track.

Konzession, permission.

26. **Hauke fiel es aufs Herz,** it worried Hauke.

    Zwicker, pinch; the sense of the passage is—a little jolt now and again would do them good and if you don't want to remind them yourself then tell the dike warden who is responsible . . .

    Frühlingsschau, Spring inspection.

    buschen, cut down.

    Dossierung, slope.

27. **Zur Brüche! Notier mir das dicke Mensch zur Brüche, Hauke!,** to be summoned to appear before the *Deichgericht* (court of administration), which body imposes a penalty.

    Oberdeichgraf, senior dike overseer.

    Bestickungsarbeiten, covering and strengthening of the soil with straw and twigs, when building or repairing dikes (cp. *besticken,* to embroider).

28. **nicht den gehörigen Klei unter den Füssen hat,** hasn't enough of this world's goods, hasn't sufficient possessions.

    Demat, archaic measure of land in the fens which varies considerably according to districts ; the *Eiderstädt Demat* =45½ *Ar ;* 1 *Ar*=120 square feet.

    Amtmann, magistrate of the district.

    Schauung, inspection.

    ein Halbstieg Jahre, half a score years.

    meines Amtes warten, to do my job.

29. **wohin du damit segeln willst,** what you mean by that.

    Eisbosseln, a game, like ninepins, played in winter (*see Introduction,* p. xiii).

30. **Kretler,** markers.

    Kirchspielkrug, parish pub.

31. **Haken,** hitch.

    herauskreteln, disqualify.

33. **Kapitalwurf,** first-class throw.

    Bummeis, hollow ice.

34. **geworfen ist geworfen,** a throw is a throw.

    Gallimathias, nonsense (from French *galimatias*).

36. **ein halb Stieg Fuss im Vorteil,** 10 ft. ahead.

    ausholen, raise one's arm for throwing.

38. **aufs Altenteil gehen,** retire.

39. **schlug Lohe in das Angesicht,** flushed.
41. **Deichgrafschaft,** the administration of the dikes.
    es wird ihm schwer ankommen, he'll find it hard.
44. **die Herbstschau ist in Anmarsch,** the autumn inspection is on the way.
    Zeit verspillen, to waste time.
47. **es traf sich,** it so happened that.
48. **Traupfennig,** marriage fee.
49. **Dat . . . Uperstan,** *Das ist der Tod, der alles frisst, nimmt Kunst und Wissenschaft dir mit; der kluge Mann ist nun vergangen; Gott gebe ihm ein seliges Auferstehen.*
    Anberg, rising ground at the edge of the marsh.
    Wohngelass, living room.
50. **Messingknöpfe,** brass knobs, bosses.
    Hest . . . heran, *Hast du dein Tagwerk recht getan, So kommt der Schlaf von selbst heran.*
    Ringreiten, riding contest.
51. **geführt,** carried out.
53. **itzt,** *jetzt,* now.
    geborgen, well looked after.
    kapitelfest, well-versed.
54. **Feierabend vor der Tür zu halten,** leave off working and sit outside.
55. **hinterspinnig,** speaking and doing things when people's backs are turned ; deceitful.
    sich 'nen weissen Fuss machen, show oneself off in a good light.
    aufhucken, foist upon.
    das geprägte Wort, witty remark.
56. **Vorland,** unreclaimed land.
57. **Priel,** water course in the flats.
    zu Recht bestehen, to be valid.
58. **Hofstatt,** farmstead.
59. **Spülung,** lapping, current.
    verdämmen, dam in, or up.
60. **im reinen sein,** to be clear (about something).
    der Ritte . . . wenige, trips into town to see the chief dike overseer took place more frequently.
61. **Konvolut,** bundle of documents.
    die Spinnräder an zu schnurren fangen ; here Storm's idiom differs from modern German usage, in which the *an* would be attached to the *fangen.*

63. **Böte,** plural of *Boot.*
    Torfringel, peat stacks.
64. **Allerweltsbengel,** jack of all trades.
66. **Kiewiet,** peewit.
69. **Kracke,** jade.
70. **einen Priesterhandel machen,** to make a wonderful bargain.
    geapfelt, dapple.
71. **wie er . . . ankommen sollte,** how he was to get to the point with the taciturn farm labourer.
72. **sich nach einem Dienst umtun,** to look around for a job.
73. **da haben wir nun die Bescherung,** now we're in a fine mess.
    den Daumen halten, support, be hand in glove with.
    so rasch . . . gebrochen, it won't go as quickly as that.
    Herrschaft, Government.
77. **Ansätze,** charges.
    ungewaschen, slanderous.
78. **Grassoden,** sods.
81. **Kindbettfieber,** puerperal fever.
82. **Konventikel,** conventicle; dissenting religious assembly. Hauke seems to question the omnipotence of God in his prayer and Frau Levke is astonished at his attitude.
84. **Kajedeich,** temporary or makeshift dike.
87. **Ausgehalten !,** keep at it !
89. **Avosetten,** avocet, -set ; a species of sea-bird.
90. **Karriole,** gig; light, two-wheeled, one-horsed carriage.
    inmittelst, in the meantime.
92. **Zeitlichkeit,** this life.
    Lachmöwe, peewit-gull.
94. **Vierblatt,** four friends.
97. **Lass dich nicht irren dein Kind . . . zu lieben,** do not let yourself be put off loving your child.
98. **Zugvogel,** bird of passage.
    Hafschleuse, sea-lock.
    sie refers to the later-mentioned *Wasserfrau.*
99. **Demant** (*archaic*), diamond.
100. **dienern,** bow obsequiously.

102. **Lahnungen,** brushwood fences or stakes, placed in the shallows to keep the mud from moving.

104. **Soden,** sods.
verneuen, *erneuern.*
Es hat nichts auf sich, It's not important.

107. **das hippokratische Gesicht,** the expression on the face of a dying person.
Hölp . . . annern, *Hilf mir! Hilf mir! Du bist ja über dem Wasser, Gott sei den andern gnädig.*

108. **Lätare,** Mid-Lent Sunday.

116. **ordinieren,** to command, to give orders.